Sigrid Nesterenko

Ralph Kurth

Die richtige Ernährung bei Depressionen

Über 130 leckere Rezepte gegen Depressionen

Rainer Bloch Verlag

Die richtige Ernährung bei Depressionen
Über 130 leckere Rezepte gegen Depressionen
Sigrid Nesterenko, Ralph Kurth
ISBN 978-3-9822245-0-3
Rainer Bloch Verlag
1. Auflage, 01.10. 2020
Paperback, DIN-A5

Druck: SOL-Service GmbH, Westendstraße 5, 86529 Schrobenhausen

Impressum:

Rainer Bloch Verlag, Schwetzinger Str. 4, D - 69469 Weinheim,
Webseite: www.Bloch-Verlag.de, buch@bloch-verlag.de

Dringende Empfehlung: Lassen Sie sich vor jeder Unternehmung /Handlung von einem fachlich qualifizierten Arzt, Facharzt und/oder Heilpraktiker beraten. Arbeiten Sie auch im Ausland nur mit dort zugelassenen und praktizierenden Fachkräften wie Ärzten und geprüften Heilpraktikern mit entsprechenden Referenzen. Investieren Sie lieber etwas mehr Geld in eine ordentliche Behandlung. Wir empfehlen grundsätzlich bei allen gesundheitlichen Problemen die Konsultation eines Arztes. Begeben Sie sich in medizinische Behandlung und lassen Sie sich von erfahrenen Ärzten helfen. Alle Texte in dieser Publikation dienen nur der Information. Sie sollten nicht als Handlungsempfehlung verstanden werden. Nur fachlich qualifizierte Kräfte können Ihre Situation bzw. Ihren Gesundheitszustand korrekt einschätzen bzw. beurteilen und geeignete Empfehlungen aussprechen.

Inhaltsverzeichnis

Vorwort

Depressionen – wer sie hat, will nur noch eines: sie loswerden, und das um jeden Preis. Gefangen zu sein im eigenen Seelenkäfig ist eine schreckliche Situation - für den Betroffenen selbst, aber auch für seine Angehörigen. Verzweifelt sucht man nach Therapiemöglichkeiten, der Griff zu Psychopharmaka ist weit verbreitet, aber deswegen noch lange nicht die beste Option.

Denn, wer will sich schon abhängig machen von Medikamenten, von denen man sich wie fremdgesteuert fühlt und den Alltag wie durch eine Nebelwand erlebt? Von denen man Heißhungerattacken bekommt, in deren Folge die Rettungsringe am Bauch nicht lange auf sich warten lassen und die Seele zusätzlich belasten? Und dann einmal ganz abgesehen von den nicht einschätzbaren Langzeitfolgen, die niemand wirklich kennt, wenn man jahrelang Psychopharmaka wie Smarties schluckt.

Dass es auch andere Wege gibt, Depressionen erfolgreich zu besiegen, ist längst kein Geheimnis mehr, wird im Praxisalltag aber leider viel zu selten berücksichtigt. Einige Experten sehen inzwischen in der Ernährung einen wesentlichen Schlüssel. Ganz nach dem Motto: die Depressionen wegessen! Dazu empfehlen sie bestimmte Lebensmittel, die auf den täglichen Speiseplan gehören, wenngleich einige andere verschwinden sollten.

Aber genau dies stellt viele Betroffene vor eine große Hürde. Kaum jemand, der gerade seine Depressions-Diagnose erhalten hat, weiß ad hoc, wie eine entsprechende Ernährung auszusehen hat. Es fängt ja meistens schon damit an, dass man zuvor die Wörter Serotonin und Tryptophan noch nie gehört hat. Und wie soll man dann wissen, welche Nahrungsmittel in der Lage sind, die Produktion des Glückshormons Serotonin im Gehirn anzukurbeln, denn genau darum geht es bei einer nachhaltigen Behandlung von Depressionen.

Noch schwieriger wird es gar, die Lebensmittel zu kennen, die entzündungshemmende Nährstoffe und Antioxidantien enthalten – beides Faktoren, die ebenfalls den Krankheitsverlauf günstig beeinflussen.

Doch keine Angst! Was anfangs komplex und anstrengend wirkt, zeigt sich schon nach kurzer Zeit als gar nicht so schlimm. Zudem bedeutet eine antidepressive Ernährung nicht nur Verzicht, sondern es kommen auch weiterhin viele leckere Schlemmereien und bunte Abwechslung auf den Tisch.

Wie das aussehen kann, zeigt dieses Kochbuch auf sehr einfache Weise. Ob Sie eine leckere Hauptspeise kochen möchten, einen Snack für zwischendurch oder Ideen für Ihren Grillabend benötigen – in diesem Buch werden Sie sicher etwas Passendes finden.

Das Angebot in diesem Buch mit über 130 Rezepten ist so vielseitig, dass Sie für jede Gelegenheit etwas zubereiten können, das nicht nur gut schmeckt, sondern auch die Depressionen schon nach kurzer Zeit in die Wüste schickt.

Sagen Sie Tschüss zu Ihren Depressionen. Beschreiten Sie jetzt Ihren Weg zu mehr Gesundheit, für den wir Ihnen gutes Gelingen und viel Erfolg wünschen!

Sigrid Nesterenko & Ralph Kurth

Das sollten Sie auch wissen

Die in diesem Buch zusammengestellten Rezepte wurden nach allerbestem Wissen und Gewissen ausgewählt. Sie sind für all jene geschrieben, die aufgrund einer Depressionserkrankung auf eine entsprechende Ernährung achten.

Alle Rezepte können ohne großen Aufwand zubereitet werden, sodass keine umfangreichen Vorkenntnisse erforderlich sind. Die meisten der in diesem Kochbuch verwendeten Zutaten sind alltäglich und in Supermärkten und Bioläden für fast jeden Geldbeutel erhältlich.

Auf Zucker wurde fast komplett verzichtet, dennoch kommen die meist liebgewonnenen süßen Geschmacksknospen nicht zu kurz. Sei es durch die Verwendung von natürlichen süßlichen Zutaten wie Honig und Stevia oder durch Obst.

In vielen Rezepten sind besonders wertvolle Zutaten enthalten, die mit einer Extraportion Nährstoffen aufwarten wie beispielsweise Chiasamen, Hanfsamen, Knoblauch, Olivenöl und Schwarzkümmel.

Bedenken Sie, dass wir als Herausgeber dieses Buches keine Haftung für die Rezepte übernehmen. Somit haftet der Herausgeber auch nicht für mögliche Fehlerteufel, die sich in das ein oder andere Rezept eingeschlichen haben könnten.

Alle in diesem Buch aufgeführten Lebensmittel wurden nach dem aktuellen Wissensstand in Bezug auf eine antidepressiv wirkende Ernährung ausgewählt.

Was sind eigentlich Depressionen?

Der Name der Krankheit Depression leitet sich von dem lateinischen Verb *deprimere* ab, welches gewöhnlich mit *niederdrücken* übersetzt wird. Dazu passt auch, dass unter einer Depression im allgemeinen Sprach-gebrauch ein Zustand der Niedergeschlagenheit verstanden wird.

Im medizinischen Sinn sind bestimmte Merkmale erforderlich, um von einer Depression zu sprechen. Hierbei wird berücksichtigt, wie sich die Art, Intensität und Zeitspanne der Symptome darstellen.

So werden in der psychologischen und psychiatrischen Praxis Depressionen anhand ihres Verlaufes und ihrer Symptome diagnostiziert. Dabei wird streng zwischen einer Depression und depressiven Verstimmungen unterschieden. Zu unterscheiden ist diese Störung von kurzfristigen Zuständen der Traurigkeit und Niedergeschlagenheit – so wie sie auch gesunde Personen gelegentlich erleben – sowie von sekundären depressiven Befindlichkeiten als Folge von äußeren Auslösern, wie beispielsweise eine körperliche Einschränkung durch Krankheit oder Unfall.

Oft wird eine Depression als ein Spektrum von lang andauernden Stimmungen und Verhaltensweisen, die von Enttäuschung, Traurigkeit, Gleichgültigkeit und Pessimismus, von Schlafstörungen und Appetitverlust bis hin zu völligem Rückzug, Apathie, Selbstaufgabe und Selbstmordhandlungen reichen.

Die Ansätze zum Verständnis von Depressionen sind vielfältig und zur Behandlung der Depression kommen – je nach der vorliegenden Diagnose – verschiedene Therapiemöglichkeiten in Betracht.

Behandlungsmöglichkeiten bei Depressionen

Um Depressionen erfolgreich zu behandeln, ist es unverzichtbar, die tatsächliche Ursache und jeweilige Depressionsform herauszufinden. Nur die hierauf individuell abgestimmten Therapiekonzepte sind letztendlich von nachhaltigem Erfolg gekennzeichnet. So kann etwa eine psychotherapeutische Behandlung auch nur dann erfolgreich sein, wenn der Depression eine psychisch bedingte Ursache zugrunde liegt und keine körperliche.

Sollten die Depressionen psychisch bedingt sein, wird kaum ein Weg an einer entsprechenden Therapie vorbeiführen, und je nach Form und Ursache der Depression kann dann das ärztliche Gespräch die Basistherapie bilden. Häufig erfolgt eine Kombination aus psychotherapeutischer und medikamentöser Behandlung in Form von Psychopharmaka.

Bei der Festlegung des Behandlungsplans gilt es auch zu klären, ob eine ambulante Therapie ausreicht oder eine stationäre Behandlung angezeigt ist.

Meistens basiert die Depressionsbehandlung auf mehreren Säulen. Einerseits kommen biologische bzw. physikalische Therapieverfahren zum Einsatz wie z. B. Medikamente, Lichttherapie oder Schlafentzug. Andererseits wird mit psychologischen Verfahren therapiert, zu denen die Verhaltenstherapie und tiefenpsychologische Therapie gehören.

Häufig wird eine Kombination aus Arzneimitteltherapie in Form von Antidepressiva und Psychotherapie eingesetzt. So wird in der Schulmedizin parallel zu den klassischen trizyklisch wirkenden Präparaten als sogenannte Serotonin und / oder Noradrenalin-Wiederaufnahme-hemmer (SSRI und SNRI) eine kognitive Verhaltenstherapie durchgeführt.

Mit den Antidepressiva soll der Patient ansprechbarer und offener werden, um die Verhaltenstherapie einsetzen zu können.

Bei leichten bis mittelschwere Depressionen können oft verblüffende Erfolge mit Mitteln aus der Naturheilkunde erreicht werden. Schwere

Depressionen sind jedoch meistens nur mit Hilfe von Antidepressiva therapierbar.

Eine Ausnahme bildet hier die umweltmedizinisch bedingte Depression, die zwar auch einen schweren Verlauf nehmen kann, aber bei der es tatsächlich möglich ist, ohne Antidepressiva und Psychotherapie aus der Seelenhölle herauszukommen, indem spezifische Entgiftungstherapien zum Einsatz kommen.

Zusammenhang von Ernährung und Depressionen

Nicht nur körperliches Wohlbefinden und Fitness werden durch die richtige Ernährung gesteigert, auch die Psyche profitiert von einer abgestimmten Nahrungszufuhr. Und wie heißt es so treffend: Nur in einem gesunden Körper wohnt ein gesunder Geist.

Zwischen Ernährung und Depression gibt es in der Tat einen Zusammenhang, und es ist nicht unerheblich, was Menschen mit einer Depression oder mit einem erhöhten Risiko für eine Depression an Nahrungsmitteln zu sich nehmen. Denn gerade wichtige Botenstoffe im Gehirn, die einer Depression vorbeugen oder sich positiv auf die Stimmungslage und den Antrieb auswirken, können nur dann gebildet werden, wenn die benötigten Nährstoffe in ausreichender Menge zugeführt werden.

Zwar kann die richtige Nahrung alleine die Depression nicht gänzlich ausschalten und ist auch kein kompletter Medikamenten- und/oder Therapie-Ersatz, sie hilft aber unterstützend bei der langfristigen Besserung und Vorbeugung. Die Anzahl und Einnahmehäufigkeit von Antidepressiva lassen sich mitunter reduzieren. In Absprache mit dem Arzt und unter Berücksichtigung weiterer, individueller Gesundheitsfaktoren, zeigt sich eine depressionslindernde Ernährung bei vielen Patienten von großem Vorteil.

Depressionen und Essverhalten

Bisher gibt es noch nicht den oder die bestimmten Gründe, die eine Depression auslösen. Vielmehr sind es ganz unterschiedliche Lebensbedingungen und Ereignisse, die zu einer Depression führen können. Dazu gehören Trennung, Tod eines geliebten Menschen, Job- und Wohnungswechsel, sehr belastende Lebenssituationen, Dauerstress, Unzufriedenheit mit dem eigenen Leben, Krankheit sowie genetische Veranlagung. Oftmals spielen gleich mehrere Faktoren ineinander, was den Teufelskreis begünstigt.

In der medizinischen Praxis wird in die Formen leichte, mittelschwere und schwere, sowie manische Depression, unterschieden. Typische Symptome einer Depression, die je nach Form mehr oder weniger stark ausgeprägt sind, zeigen sich u. a. durch Angstgefühle, Anspannung, tiefe Traurigkeit, Lustlosigkeit, Leistungsabfall, extreme Müdigkeit aber auch durch Unruhe, negative Gedanken, ständiges Grübeln. Die Betroffenen ziehen sich lieber aus dem sozialen Leben zurück. Oft werden Depressionen von körperlichen Beschwerden, die psychisch bedingt sind, begleitet, darunter starkes Schwitzen, Kopfschmerzen, Bauchschmerzen. Der Körper reagiert seinerseits auf die psychischen Beeinträchtigungen.

Betrachtet man sich die Auslöser und Gründe für eine Depression, so gehen diese oftmals mit einer ungesunden, unausgewogenen Ernährung einher. In vielen der o. g. Situationen wird den regelmäßigen Mahlzeiten weniger Bedeutung geschenkt. Es kommen schnell „leere“ Kohlenhydrate, Fertiggerichte, Fast Food, jede Menge Zucker sowie Schokolade auf den Tisch. Schokolade macht ja bekanntlich glücklich und „tröstet“, so auch in depressiven Phasen. Manche trinken Kaffee in rauen Mengen, um sich zu aktivieren oder wach zu halten, andere greifen zu Alkohol, um der inneren Leere irgendwie zu entfliehen. Das kann im schlimmsten Fall zu einer Abhängigkeit führen, die wiederum das Leben belastet.

Ein Zuviel an falscher oder unzureichender Nahrung befeuert stille oder akute Entzündungen im Körper und kann allgemein zu körperlichen Problemen führen, allen voran das ungeliebte Übergewicht, mit dem der depressive Mensch dann auch noch zu kämpfen hat. Das Selbstwertgefühl reduziert sich mehr und mehr, weil man sich in seiner Haut nicht mehr wohl fühlt mit dem Zuviel an Körpergewicht. Das wiederum treibt die depressiven Gedanken an. Gleichermaßen ungesund ist eine Mangelernährung, aufgrund der depressiven Phasen. Wer gar nichts mehr zu sich nimmt, magert ab, ihm fehlen dann Nährstoffe für Körper und Geist in hohem Maße.

Essentielle und hirnrelevante Nährstoffe werden in beiden Fällen kaum oder gar nicht zugeführt. So scheint sich die negative Spirale immer weiterzudrehen und nimmt in ihren Kreislauf weitere schädliche Elemente auf. Dem gilt es, gerade mit einer depressionsgerechten Ernährung, Psychotherapie und ggf. Medikamenten entgegenzuwirken. Um zu verstehen, welche Lebensmittel und Nährstoffe grundlegend bei einer Depression bzw. zur Prävention sind, ist es wichtig zu verstehen, was bei dieser Erkrankung im Gehirn vorgeht.

Ungleichgewicht der Neurotransmitter im Gehirn bei Depression

Bei einer Depression liegt immer ein Ungleichgewicht der Neurotransmitter im Gehirn vor. Neurotransmitter bezeichnen Botenstoffe, die zwischen den Nervenzellen vermitteln, damit diese reibungslos miteinander kommunizieren können. Die im Gehirn gebildeten Botenstoffe docken dazu an einem Rezeptor an und übertragen ihre Nachricht. Über die Synapsen werden die Informationen an die Zellen weitergeleitet. Daraus resultieren dann Gedanken, Gefühle, Bewegungen, Reaktionen.

Der Begriff „Bauchhirn“ hat seine Berechtigung. Immerhin besteht der Magen-Darm-Trakt ebenfalls aus einem umfangreichen, komplexen Nervengeflecht, der mit dem Gehirn in einer Art Wechselbeziehung steht. So hat er auch Einfluss auf Stimmung und Gedanken, Antrieb und Motivation. Die Bakterien, die im Dam in großer Anzahl leben, teilen sich in gute und schädliche auf. Auch hier braucht es ein Gleichgewicht, damit letztlich Gesundheit und Wohlbefinden gegeben sind.

Zu den wichtigsten Botenstoffen gehören Serotonin, Dopamin, Noradrenalin, Acetylcholin und Gamma-Aminobuttersäure (GABA). Diese sind z. B. für gute Laune, Gelassenheit, Antrieb, Leistungsfähigkeit,

Lustempfinden sowie Beruhigung und Entspannung zuständig. Können diese Botenstoffe nicht oder in nicht ausreichender Menge produziert werden, weil die entsprechenden Nährstoffe fehlen oder zu wenig zugeführt werden, entsteht ein Ungleichgewicht. Es wird vermehrt Cortisol gebildet. Das Stresshormon, das per se auch für den Organismus in bedarfsgerechten Mengen wichtig ist, nimmt überhand. Es ist vermehrt im Blutspiegel von depressiven Menschen vorhanden. Auch Entzündungshormone haben es leichter, wenn die Neurotransmitter nicht im Gleichgewicht sind.

Mit ausgewählten Lebensmitteln und den daraus verfügbaren Nährstoffen lässt sich die Produktion der relevanten Botenstoffe ankurbeln und aufrechterhalten. Entzündungsprozesse können verhindert werden.

Der ernährungstherapeutische Ansatz

Auf die Ernährung zu achten, mag zwar bei einer Depression eine Herausforderung sein, es ist aber ein wesentlicher Schritt zu körperlichem und geistigem Wohlbefinden. Eine nährstoffreiche, zuckerarme, antientzündliche Ernährung fördert den Abbau von gefährlichem Bauchfett. Weniger Gewicht bedeutet leichteres Bewegen und ermöglicht Sport, der seinerseits den Serotoninspiegel anhebt.

Wie die internationale Organisation MooDFOOD in zahlreichen Studien und Analysen herausgefunden hat, kann eine gesunde Ernährung mit viel Obst, Gemüse, Fisch, Hülsenfrüchten, Vollkornprodukten, Olivenöl, wenig fettreichen Milchprodukten und selten rotem Fleisch das Risiko einer Depression senken. Weiterhin trägt eine Gewichtsreduzierung bei übergewichtigen Personen zu einer Minderung depressiver Symptome bei.

Depressionen durch Nahrungsmittelintoleranzen

Nahrungsmittelintoleranzen wie insbesondere Fruktose- und Histaminintoleranz führen zu einer reduzierten Versorgung lebenswichtiger Nährstoffe, denn Personen mit diesen Unverträglichkeiten können Gemüse und Obst nur in geringen Mengen verzehren.

Besonders gilt dies für die Fruktoseintoleranz, die nicht selten mit Depressionen einhergeht. Wenn diese Intoleranz extrem ausgeprägt ist, vertragen die Betroffenen nur noch geringe Fruktose Mengen, einige von ihnen müssen sogar gänzlich auf Obst und Gemüse verzichten.

Dass bei einer Fruktoseintoleranz seelische Störungen auftreten können, wurde auch in Studien belegt. Hier wurde festgestellt, dass Depressionen aufgrund eines Tryptophanmangels entstehen, was wiederum zu einer Störung des Serotoninhaushaltes führt. Für die Bildung des Glückshormons Serotonin ist die Aminosäure Tryptophan jedoch zwingend erforderlich. Man vermutet, dass die Fruktoseintoleranz mit einer Resorptionsstörung von Tryptophan einhergeht. Somit kommt es aufgrund der gehemmten Tryptophanaufnahme in direkter Folge zu Depressionen.

Da der Körper jedoch spürt, dass er dringend Tryptophan benötigt, entsteht oft Heißhunger auf Süßigkeiten, sowie Obst- und Fruchtzucker. Werden demzufolge süße Speisen verzehrt, kommt es zu einer schnellen Aufnahme von Tryptophan mit einer unmittelbaren Stimmungs-aufhellung. Diese hält allerdings nur kurzfristig an und verschlechtert die Lage sehr schnell wieder, weil dem Körper unverträglicher Fruchtzucker zugeführt wurde, der zu einer Symptomverschlimmerung der fruktosebedingten Beschwerden führt.

Hält man hingegen eine konsequent fruktosearme Ernährung ein, können sich die Depressionen von ganz allein zurückbilden. Sollte sich der Serotoninhaushalt trotzdem nicht ganz regulieren, kann eine Einnahme von Tryptophan sinnvoll sein.

Nährstoffe bei Depressionen

Damit die essentiellen Neurotransmitter/Botenstoffe gebildet werden können, braucht es ganz bestimmte Nährstoffe, die aus der Nahrung aufgenommen werden bzw. bei einem akuten oder starken Mangel teilweise auch als Nahrungsergänzungsmittel zuzuführen sind. Es kommt darüber hinaus auf entzündungshemmende Nährstoffe und Antioxidantien an, die einerseits die Produktion von Neurotransmittern unterstützen, andererseits oxidativen Stress und Schäden von den Zellen abwenden - beides Faktoren, die an der Entstehung von Depressionen ebenfalls beteiligt sein können.

Anthocyan

Anthocyan ist ein wasserlöslicher Pflanzenfarbstoff, der zur Gruppe der Flavonoide gehört. Er kommt in allen Obst- und Gemüsesorten vor, deren Blüten und Früchte sich rot, violett und blau färben. Besonders reich an wertvollen Anthocyanen sind dunkel gefärbte Sorten wie Aronia, Aubergine, Blaubeere, Brombeere, Heidelbeere, Hibiskus, Holunder, schwarze Johannisbeere, Kirsche, lila Mais, schwarze Olive und schwarze Weintraube.

Die regelmäßige Aufnahme von Anthocyanen wirkt antibakteriell, antiviral, entzündungshemmend und krebsvorbeugend, sie hilft zudem, den Gesamtcholesterinspiegel zu senken, was insgesamt positive Auswirkungen auf das Wohlbefinden hat und somit auch Linderung bei Depressionen verschafft. Ähnlich wie synthetische MAO-Hemmer als Antidepressiva, die verhindern, das Monoaminoxidase A und B die Botenstoffe Serotonin, Dopamin und Noradrenalin abbauen, verhielten sich auch Anthocyane in einer Studie mit Zellkulturen.

Folsäure

Folsäure gehört zu den B-Vitaminen (Vitamin B9/Vitamin B11). Ein Mangel an Folsäure kann zu einer erhöhten Homocysteinbildung führen. Homocystein ist ein Zwischenprodukt des Aminosäurestoffwechsels. Liegt davon zu viel im Organismus vor, gelangen Blut und Nährstoffe nicht ordnungsgemäß ins Gehirn. Das hat auch zur Folge, dass die Bildung von Serotonin, Dopamin und Noradrenalin eingeschränkt ist. Somit fehlen die Botenstoffe zur Weiterleitung von Informationen an die Nervenzellen.

Ein Folsäuremangel kann zudem die Wirksamkeit von einigen selektiven Serotonin-Wiederaufnahmehemmern beeinträchtigen. Gerade in der medikamentösen Therapie sollte auf ausreichend hohe Folsäurewerte geachtet werden. Je nach individuellem Wert ist eine Aufnahme zwischen 400 und 2.000 Mikrogramm angeraten. Natürliche Folsäure ist z. B. enthalten in Spinat, Tomaten, Spargel, Erbsen, Sojabohnen, Vollkornprodukten, Eigelb und Leber.

Kalium

Das Elektrolyt Kalium wird von den Zellen essentiell benötigt, speziell Muskulatur und Nerven sind auf diesen Nährstoff angewiesen. Kalium lindert Schmerzen und Beschwerden wie Krämpfe, Blähungen, Migräne und Muskelschmerzen, durchblutet das Gehirn stärker, was Konzentration, Gedächtnisleistung und Erinnerungsvermögen verbessert. Ein Kaliummangel kann neben Depressionen auch Psychosen, Verwirrt-heit oder Halluzinationen begünstigen. Der Mensch neigt dann eher zum Pessimismus, hat negative Gedanken und irrationale Zukunftsängste. Etwa 4.000 mg Kalium braucht der erwachsene Mensch täglich. Enthalten ist Kalium u. a. in Dinkel, Roggen, Haselnüssen, Mais, Fenchel, Möhren und Bananen.

Magnesium

Magnesium stärkt nicht nur Knochen und Muskelzellen und bewahrt vor rascher Ermüdung, auch die Nervenzellen und das Gehirn profitieren von dem lebensnotwendigen Spurenelement. Gehirn und Herz sind große Abnehmer für diesen Nährstoff.

Ein Magnesiummangel kann zu Müdigkeit, Energielosigkeit, Unruhe, Depressionen führen. In verschiedenen Untersuchungen hat sich gezeigt, dass sich eine mehrwöchige Nahrungsergänzung mit Magnesium positiv auf depressive Symptome und Angstzustände auswirkt. Der tägliche Bedarf eines Erwachsenen beträgt ca. 300 bis 400 mg. Natürliche Magnesiumquellen sind: Bananen, Bohnen, Emmentaler, Kürbiskerne und Weizenkleie.

Resveratrol

Resveratrol wird den Polyphenolen zugeordnet, die das Immunsystem der Pflanzenwelt abbilden. In nahezu 100 Pflanzenarten konnte der Stoff bisher nachgewiesen werden. Resveratrol hat, wie alle Polyphenole, antioxidative und entzündungshemmende Wirkungen, die sich auch beim Menschen als effektiv erweisen.

Studien beschäftigen sich mit der Schutzwirkung bei Depressionen und Angststörungen, die speziell in Rotwein zu beobachten sind. Hier weisen die Sorten Cabernet Sauvignon, Merlot und Pinot Noir große Mengen an Resveratrol auf. Resveratrol ist in pflanzlichen Nahrungsmitteln wie Heidelbeeren, Himbeeren, Pflaumen, Weintrauben, Erdnüssen enthalten. Im Japanischen Staudenknöterich kommen besonders viele Anteile Resveratrol vor.

Selen

Selen zählt zu den lebenswichtigen Spurenelementen. Es wird dem Körper über die Nahrung als Selenocystein (aus tierischen Produkten) und Selenmethionin (aus Pflanzen & Hefen) zugeführt. Selen regt die Produktion von Antikörpern an, macht freie Radikale unschädlich und wirkt auf die Schilddrüsenhormonaktivierung ein. Die wichtigsten Selenlieferanten zeigen sich mit Steinpilzen, Lammfleisch, Linsen, Paranüssen und Sonnenblumenkernen.

Der tägliche Selenbedarf eines Erwachsenen beträgt zwischen 60 und 75 Mikrogramm, bei einem Mangel muss dieser zunächst ausgeglichen werden. Viele Personen mit Depressionen weisen einen verlangsamten Stoffwechsel auf, der durch eine Schilddrüsenunterfunktion ausgelöst werden kann. Dies wiederum kann auf einen Selenmangel hindeuten, da Selen die Schilddrüsenhormone im Gleichgewicht hält. Nahrungsergänzungsmittel mit 200 Mikrogramm Selen füllen die leeren Selenspeicher auf und bringen den Stoffwechsel wieder auf Trab.

Tryptophan

Der Eiweißstoff Tryptophan wird gerne als Glücksbaustein bezeichnet, da er zur Bildung von Serotonin unerlässlich ist. Dieser wichtigste Baustein für das Glückshormon wird über die Nahrung aufgenommen. Besonders viel Tryptophan enthalten Bananen, Eier, Fisch, Fleisch, Getreide, Hülsenfrüchte, Käse, Nüsse, dunkle Schokolade. Ein Mangel an Tryptophan schränkt die Serotoninbildung ein, was zu bekannten depressiven Symptomen sowie schlechte Laune, Antriebslosigkeit, Niedergeschlagenheit führen kann. Stress schlägt sich schnell als Belastung nieder. Pro Kilogramm Körpergewicht empfiehlt sich die tägliche Aufnahme von 3,5 bis 6 Milligramm Tryptophan aus der Nahrung.

Ungesättigte Fettsäuren

In der Ernährungswissenschaft wird in gesättigte und ungesättigte Fettsäuren unterschieden. Den Unterschied macht die Anzahl der Doppelbindungen zwischen den Kohlenstoffatomen in der Fettsäurekette aus. Während gesättigte Fettsäuren keine Doppelbindungen vorweisen, zeigen ungesättigte Fettsäuren mindestens eine oder mehrere Doppelbindungen (einfach/mehrfach ungesättigte Fettsäuren).

Die mehrfach ungesättigten Fettsäuren Omega-3 und Omega-6 kann der Körper nicht selbst herstellen, daher müssen sie über die Nahrung zugeführt werden. Von großer Bedeutung sind hier die Omega-3-Fettsäuren DHA und EPA, die vor Depressionen schützen können, stimmungsaufhellend wirken und die Behandlung mit Antidepressiva effektvoll unterstützen. Depressive Patienten mit Serotonindefizit leiden nicht selten auch an einem Mangel an Omega-3-Fettsäuren.

Diese wichtigen Fettsäuren stellen als Bestandteile der Zellmembranen der Gehirnzellen die Übertragung elektrischer Impulse von Nervenzellen sicher.

Vom Körper sehr gut verwertbare Omega-3-Fettsäuren finden sich in Lachs, Hering, Makrele und Sardinen. Pflanzliche Quellen sind Leinsamen, Leinöl, Walnüsse, Walnussöl, Hanfsamen, Hanföl und Chiasamen.

Vitamin B6

Vitamin B6 wandelt Eiweißstoffe um und baut sie in die Zellen ein, weiterhin baut es Nervenverbindungen auf und sorgt für deren Schutz. Das Vitamin arbeitet auch dem Immunsystem zu. Bei depressiven Erkrankungen liegt mitunter ein Vitamin-B-6-Mangel vor. Da der Körper Vitamin B6 nicht selbst herstellt, kann es nur über die Nahrung aufgenommen werden. Lebensmittel mit hohem Gehalt an Vitamin B6 sind z. B. Lachs, Sardine, Makrele, Kalbsfilet, Thunfisch, Truthahn, Walnusskerne, Sesam- und Mohnsamen, Spinat, Grünkohl.

Der Tagesbedarf eines Erwachsenen liegt zwischen 1,4 und 1,6 Milligramm. In Kombination mit Vitamin B12 und Folsäure konnte in klinischen Studien eine verbesserte Wirkung von Antidepressiva belegt werden. Forschungsergebnisse nehmen zudem an, dass Vitamin-B6-reiche Lebensmittel wie Bananen und Kartoffeln Stress und Reizbarkeit mindern. Vermutet wird eine Erhöhung des Dopaminspiegels durch Vitamin B6.

Vitamin B12

Vitamin B12 sorgt für starke Nerven, wirkt ausgleichend, stärkt die Leistungsfähigkeit. Es ist eine unerlässliche Substanz für einen funktionierenden Organismus. Vitamin B12 trägt zur Blutbildung bei, ist an der Bildung von Neurotransmittern beteiligt, schützt das Nervensystem, treibt die Zellerneuerung voran, unterstützt den Fett- und Eiweißstoffwechsel. Ein Mangel an diesem Vitamin, das nur über tierische Produkte oder Nahrungsergänzungsmittel in den Körper aufgenommen werden kann, begünstigt Depressionen. 4 Mikrogramm Vitamin B 12 werden für Erwachsene täglich empfohlen. Enthalten ist das stärkende Vitamin in Camembert. Edamer, Emmentaler, Kuhmilch, Magerquark, Garnelen, Hering, Seelachs, Rind und Sauerkraut.

Vitamin D

Vitamin wird vom Körper durch die Einwirkung von Sonnenlicht gebildet. Je mehr man sich im Freien aufhält, umso effektiver ist die Vitamin-D-Bildung, übrigens auch bei bedecktem Himmel. Vitamin D lenkt den Adrenalin-, Serotonin- und Dopamin-Haushalt. Deshalb fühlen sich in der dunklen Jahreszeit, aufgrund von Vitamin-D-Mangel, auch deutlich mehr Menschen niedergeschlagen und neigen zur Winterdepression.

Vitamin D kann auch über Nahrungsmittel wie Hartkäse, Hering, Lachs, Makrele, Pilze zugeführt werden. Alternativ und bei niedrigem Vitamin-D-Spiegel kommen Nahrungsergänzungsmittel zum Einsatz. Auch Vitamin D konnte in Studien die Wirksamkeit von Antidepressiva verbessern.

Zink

Das Spurenelement Zink ist für den Stoffwechsel und das Immunsystem unerlässlich. Es wirkt auf die Fettsäure-Produktion im Gehirn ein, die eine normale Gehirnfunktion gewährleistet. Zink bildet einen wichtigen Baustein für das Enzym, das an der Serotoninbildung beteiligt ist. Der Mineralstoff wird auch für die Herstellung der Botenstoffe Dopamin und GABA benötigt.

In zwei Kohortenstudien sank das Risiko einer Depression durch eine erhöhte Zinkzufuhr um 30 bis 50 Prozent. Auch konnten andere Studien belegen, dass eine Zinkeinnahme von 25 Milligramm in Verbindung mit Serotonin-Wiederaufnahmehemmern die Wirksamkeit des Medikaments verbesserte.

Zink wirkt darüber hinaus entzündungshemmend, was bei Depressionen nicht unerheblich ist, da Entzündungsprozesse auch psychische Symptome anstoßen. Bei einem Zinkmangel treten depressionstypische Anzeichen wie Antriebsschwäche oder Müdigkeit auf. Zwischen 7 und 10 Milligramm sollten Erwachsene täglich zu sich nehmen. Enthalten ist das Spurenelement reichlich in Leber, Fleisch, Kürbiskernen, Pekannüssen, Haferlocken und Linsen.

Lebensmittel, die den Serotoninspiegel steigern können

Serotoninmangel begünstigt und verstärkt Depressionen. Das Glückshormon scheint ein Schlüsselbotenstoff zu sein, der nur in ausreichender oder vermehrter Menge im Gehirn gebildet werden muss, damit die Depression entweder erst gar nicht ausbricht oder gewisse Symptome gelindert werden.

Ganz so einfach ist es jedoch nicht, denn es genügt nicht, Lebensmittel mit einem hohen Tryptophan-Anteil zu sich zu nehmen, denn Tryptophan wird zur Bildung von Serotonin benötigt. Vielmehr sind die Kombination von nährstoffrelevanten Lebensmitteln mit Kohlenhydraten sowie die Reduzierung eiweißhaltiger Nahrungsmittel der Schlüssel zum langfristigen Erfolg. Auch der Aufenthalt an der Sonne, zur Bildung von Vitamin D, trägt entscheidend zu einer optimalen Serotoninversorgung bei.

Serotonin Aufgaben und Bildung in Darm/Gehirn

Im zentralen Nervensystem hat Serotonin als Botenstoff eine Reihe von Aufgaben. Der Neurotransmitter regelt Körpertemperatur, Appetit, Stimmung. Er ist verantwortlich für Motivation, Emotionen, Schmerzempfinden, Sexualtrieb, das körpereigene Belohnungssystem und den Schlaf-Wach-Rhythmus und übernimmt auch Funktionen bei der Blutgerinnung und Erweiterung von Blutgefäßen (Darm/Bronchien). Im Rahmen einer Depression fehlt es oft an diesem berühmten Stimmungsaufheller, der zusammen mit Dopamin düstere Gefühle und Ängste vertreibt.
An die 90 Prozent des körpereigenen Serotonins ist in Magen und Darm zu finden. Hier wird das Serotonin durch die sogenannten enterochromaffinen Zellen ebenfalls aus der Aminosäure Tryptophan und weiteren Enzymen hergestellt und anschließend in kleinen Kammern auf Vorrat eingelagert, um das fertige Serotonin bei Bedarf abzugeben. Das Serotonin im Darm steuert vornehmlich die Bewegung des Darms und gelangt hierüber auch in den Blutkreislauf.

Da Serotonin aber nicht in der Lage ist, die Blut-Hirn-Schranke zu überwinden, muss eine eigene Bildung im Gehirn durch die Umwandlung von Tryptophan erfolgen. Dieser Anteil im Gehirn ist nach den Erkenntnissen aus der Antidepressiva-Behandlung von Bedeutung. Denn gerade der Serotoninspiegel im Gehirn liegt bei einer Depression meist zu niedrig. Antidepressiva sollen den Abbau von Serotonin im Gehirn verhindern, weshalb sie auch Serotoninwiederaufnahmehemmer genannt werden.

Da Serotonin viele komplexe Vorgänge im menschlichen Organismus steuert, ist eine ungehinderte Produktion im Darm wie im Gehirn erforderlich. Das bedingt wiederum eine intakte Darmflora und einen gesunden Magen-Darm-Trakt. Viele der relevanten Nährstoffe für die Bildung von Neurotransmittern wirken daher gleich an zwei Stellen, insbesondere die entzündungshemmenden und antioxidativen Mikronährstoffe.

Tryptophan als Vorstufe von Serotonin

Die Aminosäure Tryptophan ist der Baustoff für Serotonin. Er ist in einer Vielzahl von Lebensmitteln, oftmals auch reichlich, vorhanden. Besonders viel Tryptophan enthalten:

- Eier
- Fisch
- Fleisch
- Getreide, Weizenkeime, Weizenkleie
- Hülsenfrüchte: Erbsen, grüne Bohnen, Linsen, Kichererbsen, Sojabohnen
- Käse: Camembert, Emmentaler, Edamer, Parmesan
- Nüsse: Cashewkerne, Erdnüsse, Walnüsse
- Steinpilze
- Samen: Sesamsamen, Hanfsamen
- Sonnenblumenkerne

Kohlenhydrate fördern die Umwandlung von Tryptophan in Serotonin

Um die Serotoninproduktion so richtig in Gang zu bringen und leere Speicher schnell aufzufüllen, braucht es kohlenhydratreiche Lebensmittel wie Getreide, Hülsenfrüchte, Kartoffeln, Reis, Vollkornbrot, Vollkornnudeln, Getreide, die zusammen mit tryptophanhaltigen Lebensmitteln verzehrt werden. In den genannten Lebensmitteln sind zudem auch Magnesium, B-Vitamine und pflanzliches Eiweiß enthalten.

Der Körper wandelt kohlenhydratreiche Lebensmittel zum großen Teil in Glukose um. Glukose regt die Insulinproduktion an, was zu einer Erhöhung des Tryptophanspiegels im Gehirn führt. Eine hohe Insulin-ausschüttung bewirkt zudem, dass andere Aminosäuren, die ebenfalls die Blut-Hirn-Schranke passieren wollen, in das Muskelgewebe geleitet werden, wodurch Tryptophan dann ungehindert ins Gehirn Eingang findet.

Belastende, schwierige Zeiten, oder Stress zehren an den Serotoninvorräten und leeren die Speicher schnell. Schon bevor eine Depression zu Tage tritt, kann mit einer kohlenhydratreichen Ernährung vorgebeugt werden. Dabei sollte darauf geachtet werden, dass möglichst wenig Fett und Zucker enthalten sind.

Eiweißaufnahme reduzieren

Wie Studien zeigen konnten, sind einzelne Lebensmittel mit bestimmten Nährstoffen nicht ausreichend, um den Serotoninspiegel zu erhöhen. Vielmehr kommt es darauf an, kohlenhydratreich und eiweißarm zu essen und gleichzeitig Nahrungsmittel mit Tryptophan und allen anderen genannten Nährstoffen bei Depressionen zu sich zu nehmen, geeignet ist hier z. B. die mediterrane Kost, die Fisch, frisches Obst und Gemüse bietet. Fisch führt dem Körper besser verdauliches Eiweiß zu, das zudem auch den Cholesterinspiegel nicht so stark ansteigen lässt wie Fleisch. Bei Fleisch sind magere Sorten und weißes Fleisch (Huhn) zu bevorzugen.

Fisch liefert außerdem die Extra-Portion Omega-3-Fettsäuren, die für die Gehirnzellenbildung gebraucht werden und auch die Bildung von Neurotransmittern unterstützen. Die wertvollen Omega-3-Fettsäuren sollten vornehmlich über Forelle, Lachs, Makrele, Thunfisch, Schellfisch und

Sardine aufgenommen werden. Weiterhin ist oftmals auch direkt verfügbares Vitamin D im Fisch enthalten.

Eiweißarme Kost verbessert die Aufnahme von Tryptophan in das Gehirn. Ist die Kost dagegen sehr eiweißlastig, wird die Aufnahme der wichtigen Aminosäure sogar blockiert. Beträgt der Proteinanteil mehr als 20 Prozent, kann Tryptophan die Blut-Hirn-Schranke nicht mehr optimal passieren und wird nicht aufgenommen. Da Serotonin aber nur im Gehirn gebildet werden kann, entsteht ein Defizit. Die Ernährung sollte daher überwiegend aus Getreideprodukten, Obst, Gemüse, mäßig Fisch, wenig Fleisch, Käse, Nüssen bestehen, denn das kann die labile Gefühlslage nachhaltig stabilisieren und die Stimmung heben.

Vitamin D Produktion ankurbeln

Der Mensch produziert sein wertvollstes Vitamin D durch die Aufnahme von Sonnenlicht über die Haut selbst. Die Zufuhr über Nahrungsmittel ist hier eher gering, weshalb ergänzend hochdosierte Vitamin-D-Präparate eingenommen werden, um den Bedarf zu decken. Vitamin D fördert die Serotoninsynthese. Im Sommer, wie im Winter ist der Aufenthalt an der frischen Luft, bei Tageslicht und mindestens 30 Minuten effektiv. Je mehr Sonnenlicht auf die Haut trifft, umso besser. Wenn die Tage sehr kurz und dunkel sind, können eine Lichttherapie mit speziellen Lampen oder Tageslichtleuchten helfen.

Die wichtigsten Nahrungsmittel bei Depressionen

Du bist, was Du isst - dieses Sprichwort hat auch in Sachen Depressionen seine Berechtigung, denn mit Lebensmitteln, die relevante Nährstoffe zur Produktion von Botenstoffen, entzündungshemmenden und antioxidativen Substanzen enthalten, können die quälenden Symptome einer Depression gelindert werden, und sogar eine Vorbeugung ist möglich. Als besonders wirksam gelten die folgenden Nahrungsmittel:

Aprikosen

Aprikosen in frischer oder getrockneter Form bieten dem Körper einen herrlichen Cocktail aus Mikronährstoffen, darunter Tryptophan, Eisen, Carotin, Vitamin B1, B2, C, Kalzium, Phosphor. Besonders hoch ist der Anteil an Kalium, der 280 Milligramm pro 100 Gramm Frucht beträgt.

Avocado

Die tropische Avocado ist ein wahrer Glücksgriff, wenn es um eine antidepressive Ernährung geht, denn hier vereinen sich ungesättigte Fettsäuren, die Aminosäure Tryptophan, Vitamin B6 und Folsäure. Mit dieser Frucht kann die Serotoninproduktion kräftig angekurbelt werden.

Bananen

Bananen enthalten Kalium, Tryptophan und Vitamin B6 und damit essentielle Nährstoffe, die bei einer Depression zur Stimmungsaufhellung führen. Gleichzeitig wird auch der Dopaminspiegel auf ein normales Level gebracht, was Stresspotential und Reizbarkeit reduziert und das Wohlbefinden steigert.

Chiasamen

Die quellenden Samen der „Salvia hispanica", einer in Mexiko und Südamerika beheimateten Pflanze aus der Familie der Salbeigewächse, haben eine stark sättigende Wirkung und werden deshalb auch gerne zum Abnehmen eingesetzt. Sie enthalten darüber hinaus alle wichtigen Mikronährstoffe, die auch für die Linderung und Vorbeugung von Depressionen zugeführt werden sollten. Das sind Omega-3-Fettsäuren, ballaststofffreie Kohlenhydrate, Ballaststoffe, Phenole.

Chili

Chili ist scharf und genau hier liegt die Stärke des Gewürzes bei Depressionen. Durch den ausgelösten Schmerzreiz werden vermehrt Endorphine ausgeschüttet. Die Glückshormone, die auch durch den Genuss von Pfeffer und scharfer Peperoni gebildet werden, tragen zu Entspannung und guter Laune bei.

Curcuma

Das goldgelbe Ingwergewächs Curcuma ist ein Multitalent, denn es wird bei Arthritis, Sodbrennen, Magen-Darmproblemen, Erkältungen und Appetitlosigkeit eingesetzt und erweist sich auch bei Depressionen als wirksam. Der Inhaltsstoff Curcumin regt die Produktion der Botenstoffe Serotonin und Dopamin im Gehirn an, was einen stimmungsaufhellenden, gelassenen Effekt ohne Nebenwirkungen zur Folge hat.

Bei Patienten mit atypischer Depression konnten in einer Studie die besten Resultate mit Curcuma-Extrakt erzielt werden, was besonders den antientzündlichen Substanzen geschuldet ist. Gerade bei einer atypischen Depression zeigen sich die Entzündungsmarker C-reaktives Protein, Interleukin-6 und Tumornekrosefaktor TNF-α erhöht. Curcuma-Extrakt konnte hier eine effektive Senkung erreichen.

Dunkle Schokolade

Schokolade macht ja bekanntlich glücklich, weil sie durch das enthaltene Tryptophan die Bildung von Serotonin steigert. Doch damit sie nicht zu Übergewicht führt, sollte auf dunkle Schokolade mit hohem Kakaoanteil (mindestens 70 %) und wenig Zucker (Bitterschokolade) zurückgegriffen werden. Diese beinhaltet auch die wichtigen Nährstoffe Magnesium und Kalium sowie pflanzliche Flavanole, die als natürliche Antioxidantien wirken.

Eier

Eier in Maßen sind gesund und geeignet im Rahmen einer depressionsvorbeugenden und heilenden Ernährung. So finden sich im Hühnerei zu 100 % verwertbares Eiweiß und Kalium, Vitamin D, außerdem die Vitamine A, E und K sowie die Vitamine B1 und B2.

Erdbeeren

Erdbeeren sind reich an Kalium und Folsäure. Folsäure verhindert die übermäßige Bildung von Homocystein, das Blut und Nährstoffen den Weg zum Gehirn blockiert und die Produktion der essentiellen Neurotransmitter Serotonin, Dopamin und Noradrenalin beeinträchtigt.

Das Plus an Folsäure sorgt für eine gehobene Stimmung, reguliert Appetit und Schlaf. Die Extraportion Kalium verbessert die Gehirndurchblutung, was sich positiv auf Gedächtnis, Konzentration und Erinnerung auswirkt.

Heidelbeeren

Heidelbeeren enthalten jede Menge Anthocyane, die als natürliche Antioxidantien wirken und vor Zellschäden schützen. Auch die Psyche profitiert von den dunklen Beeren, wie Forscher der renommierten, amerikanischen Tufts-Universität/Boston aufzeigen konnten. Ähnlich wie körperliche Aktivität oder anspruchsvolle, geistige Tätigkeiten sorgen

Heidelbeeren dafür, dass sich die Gehirnnervenzellen besser miteinander vernetzen. Die Bildung von neuen Gehirnzellen wird deutlich angeregt.

Honig

Honig gehört zu den ältesten Heilmitteln der Menschheit, er wird seit langem als entzündungshemmendes Mittel eingesetzt. Im Zusammenhang mit Depressionen ist es vor allem der natürliche Zucker, der die Serotoninproduktion ankurbelt, was hilft, besser mit Stress und Nervosität umzugehen. In Honig sind zudem essentielle Nährstoffe wie Kalium, und Zink in geringen Mengen enthalten.

Joghurt

Joghurt, speziell natürlicher, probiotischer mit ausgewählten Bakterienkulturen, ist gut für die Darmflora, denn er kann das Bakterienniveau auf einem ausgeglichenen Level halten. Eine intakte Darmflora garantiert Wohlbefinden. Da Bauch und Hirn in stetiger Kommunikation über das üppige Nervengeflecht stehen, tragen auch gute Darmbakterien zur Linderung von Depressionen bei.

Lachs

Lachs enthält eine große Menge an wertvollen Omega-3-Fettsäuren, die für die Übertragung von Nervenimpulsen verantwortlich sind. Diese ungesättigten Fettsäuren wirken stimmungsaufhellend und verbessern die Behandlung mit Antidepressiva. Da auch die Vitamine B6 und B12 mit von der Partie sind, zeigt sich ein mehrfach positiver Effekt.

Leinsamen

Leinsamen ist als Superfood bekannt, denn er wirkt vielfach positiv auf Gesundheit und Wohlbefinden. Er fördert durch seine Ballaststoffe die Verdauung und schützt den Magen-Darm-Trakt. In kaltgepresstem Leinöl sind die wertvollen Omega-3-Fettsäuren verfügbar, auch Omega-6-

Fettsäuren gehören zum Repertoire. Beide Arten der mehrfach ungesättigten Fettsäuren dienen einer optimalen Versorgung der Gehirnzellen und beugen Entzündungen vor.

Quinoa

Ein weiteres Superfood ist das senfkorngroße Quinoa. Dieses enthält alle 9 essentiellen Aminosäuren, besonders der hohe Tryptophangehalt ist bei Depressionen von Bedeutung. Zudem ist Quinoa ein wahres Mineralienwunder. Der Magnesiumanteil liegt um 70 % über dem von Roggen und Weizen.

Rote Bete

Die rote Knolle ist ein Kraftpaket an Folsäure. Folsäure trägt zur Bildung von Serotonin bei und vertreibt so Schlaflosigkeit, Müdigkeit und Depressionen. Mit einer Handvoll Rote Bete können 30 % des Tagesbedarfs an Folsäure gedeckt werden. Die beste Nährstoffaufnahme wird durch den rohen Verzehr erreicht.

Safran

Das Luxus-Gewürz Safran konnte in verschiedenen Studien seine Wirksamkeit als natürliches Antidepressivum ohne Nebenwirkungen unter Beweis stellen. Selbst mit klassischen Medikamenten gegen Depressionen wie Fluoxetin nahm es Safran auf.

Safran wirkt anregend, aufmunternd, fördert Entspannung und Schlaf und hat entzündungshemmende Eigenschaften. Das kommt nicht von ungefähr, denn das Orient-Gewürz ist reich an Tryptophan, enthält Kalium, Magnesium, Zink und die Vitamine B6 und B12.

Spargel

Spargel hebt die Stimmung dank seiner Inhaltsstoffe Tryptophan, Folsäure und Vitamin E. Die Gehirnfunktion und die Serotoninproduktion werden durch den regelmäßigen Verzehr von gedünstetem oder gegrilltem Spargel kräftig angeregt.

Spinat

Spinat ist reich an Magnesium, das weiß auch Muskelprotz Popeye, dessen Leibspeise das urgesunde Blattgemüse ist. Und wer den Comicmatrosen kennt, der weiß, dass er meistens gute Laune hat. Denn das Supergemüse wartet auch mit weiteren Nährstoffen auf, die das Gehirn glücklich machen wie Folsäure und Kalium.

Süßkartoffeln

Kartoffeln als Kohlehydratpakete sorgen schnell und nachhaltig für gute Laune, Antrieb und neue Leistungsfähigkeit. Sie beugen Heißhungerattacken und dauerndem Naschen vor. Die Süßkartoffel zählt zu den besonders gesunden Sorten, da sie auch einen hohen Anteil Kalium sowie Magnesium und Vitamin B6 zu bieten hat.

Trockenfrüchte

Trockenfrüchte wie Datteln und Feigen sind reich an Tryptophan und Magnesium, weshalb sie bei Depressionen gerne verzehrt werden dürfen, aufgrund des hohen Fruchtzuckergehalts allerdings in Maßen.

Lebensmittelliste

Die nachfolgende Lebensmittelliste gibt einen Überblick über **empfehlenswerte** und **zu vermeidende Lebensmittel**.

Die Auflistung erhebt keinen Anspruch auf Vollständigkeit, sondern dient lediglich dazu, einen Überblick über die wichtigsten Lebensmittel zu geben.

Empfehlenswerte Lebensmittel

Äpfel *(Kalium, Magnesium, Zink)*
Alfalfasprossen *(Folsäure, Kalium, Magnesium)*
Amaranth *(Folsäure, Tryptophan)*
Ananas
Apfelsinen
Aronia *(Anthocyan)*
Aprikosen, frisch oder getrocknet *(Kalium, Tryptophan)*
Auberginen *(Anthocyan)*
Avocado *(Vitamine B6 und D, Folsäure, Tryptophan, ungesättigte Fettsäuren)*

Bärlauch *(Vitamin B6, Folsäure, Kalium, Magnesium)*
Bananen *(Vitamin B6, Kalium, Magnesium, Tryptophan)*
Belugalinsen *(Anthocyan)*
Blattgemüse, grünes *(Vitamin B6)*
Blumenkohl *(Folsäure)*
Bohnen, weiße *(Kalium, Selen, Zink, ungesättigte Fettsäuren)*
Bohnen, grüne *(Tryptophan)*
Brokkoli *(Vitamin B6, Folsäure, Kalium, Zink)*
Brombeeren *(Anthocyan)*
Brottrunk *(B-Vitamine, Milchsäurebakterien)*
Buchweizen *(Vitamin E, Magnesium, Zink)*
Butterkäse *(Zink)*

Camembert *(Tryptophan)*

Cashewkerne *(Omega-3-Fettsäuren, Tryptophan)*
Champignons *(Vitamin D, Selen)*
Cherrytomaten *(Lycopin)*
Chiasamen *(Kalium, Magnesium, Omega-3-Fettsäuren, Zink)*
Chilischote *(Vitamin B6, Kalium, Magnesium)*
Chlorellaalgen *(Magnesium, Zink)*
Cranberrys *(Resveratrol)*
Curcuma *(Curcumin)*

Datteln, getrocknet *(Tryptophan)*

Edamer Käse *(Tryptophan)*
Eichblattsalat *(Folsäure)*
Eier *(Vitamine B12 und D, Folsäure, Tryptophan)*
Eigelb *(Folsäure)*
Emmentaler Käse *(Tryptophan, Vitamin B12)*
Endiviensalat *(Folsäure)*
Erbsen *(Vitamin B6, Folsäure)*
Erdbeeren *(Folsäure, Kalium, Magnesium)*
Erdnüsse *(Vitamin B6, Folsäure, Magnesium, Resveratol, Tryptophan, Zink)*

Feigen, getrocknet *(Tryptophan)*
Feldsalat *(Vitamin B6, Kalium)*
Fenchel *(Kalium)*
Forelle *(Vitamin B12, Omega-3-Fettsäuren)*
Frühlingszwiebel *(Kalium, Magnesium)*

Garnelen *(Selen)*
Gojibeeren *(Vitamin B-Komplex, Magnesium, ungesättigte Fettsäuren)*
Granatapfel *(B-Vitamine, Folsäure)*
Grapefruit *(Kalium, Magnesium)*
Grünkohl *(Vitamin B6, Kalium, Magnesium)*

Haferflocken *(Folsäure, Tryptophan, Zink)*
Hanfsamen *(Magnesium, Omega-3-Fettsäuren)*
Hanfsamenöl *(Omega-3-Fettsäuren)*
Haselnüsse *(Vitamin B6, Magnesium, ungesättigte Fettsäuren, Zink)*
Heidelbeeren *(Anthocyan)*,
Hering *(Vitamine B12 und D)*

Hibiskusblüten *(Anthocyan)*
Himbeeren *(Folsäure, Kalium, Resveratol)*
Hirse *(Vitamin B6, Folsäure, Magnesium, Tryptophan)*
Holunderbeeren *(Anthocyan)*
Honig *(Anregung Endorphin- und Serotoninproduktion)*
Hülsenfrüchte
Hüttenkäse *(Vitamin B12)*
Hummus *(Vitamin B6, Folat, Magnesium, Tryptophan)*

Ingwer *(Vitamin B6, Folsäure, Kalium, Magnesium, Zink)*

Joghurt *(Probiotikum)*
Johannisbeeren, schwarze *(Anthocyan)*

Kakao, dunkler *(Kalium, Resveratol)*
Kaki *(Kalium, Magnesium)*
Kartoffeln *(Vitamin B6, Folsäure, Kalium, Magnesium)*
Kichererbsen *(Vitamin B6, Folsäure, Selen, Tryptophan, Zink)*
Kirschen, dunkle *(Anthocyan, Folsäure)*
Kiwi *(Folsäure, Kalium, Magnesium)*
Knoblauch *(Vitamin B6, Folsäure, Kalium, Selen, Zink)*
Kohl *(Folsäure)*
Kohlrabi *(Kalium, Magnesium, Zink)*
Kokosmilch *(Omega-3-Fettsäuren, Selen)*
Kokosöl *(Omega-3-Fettsäuren, Selen)*
Koriander *(Kalium)*
Kresse *(Folsäure, Kalium)*
Kürbis *(Folsäure, Kalium)*
Kürbiskerne *(Magnesium, Tryptophan, Zink)*

Lachs *(Vitamine B6, B12 und D, Selen, Omega-3-Fettsäuren)*
Lauch *(Folsäure)*
Lebertran *(Vitamin D)*
Leinöl *(Omega-3-Fettsäuren)*
Leinsamen *(Omega-3-Fettsäuren, Zink)*
Linsen *(Vitamin B6, Folsäure, Kalium, Magnesium, Omega-3-Fettsäuren, Selen, Tryptophan, Zink)*

Mais, lila *(Anthocyan)*

Makrele *(Vitamine B6 und D, Omega-3-Fettsäuren, Selen)*
Mandeln *(Kalium, Magnesium, Zink)*
Mangold *(Vitamin B6, Kalium)*
Maulbeeren *(Resveratol)*
Meeresalgen *(Magnesium, Zink)*
Meeresfrüchte *(Vitamin D)*
Milchprodukte *(Vitamin D)*
Minze *(Kalium, Magnesium)*
Möhren *(Folsäure, Kalium, Magnesium)*
Mohn *(Magnesium, Zink)*
Muskatnuss *(Anregung Serotoninproduktion)*

Naturreis *(Folsäure, Kalium, Magnesium)*

Oliven *(ungesättigte Fettsäuren, Zink)*
Oliven, natürlich schwarze *(Anthocyan)*
Olivenöl *(ungesättigte Fettsäuren, Zink)*

Paprikaschote, rot *(Folsäure)*
Paranüsse *(Selen, Zink)*
Parmesankäse *(Tryptophan)*
Petersilie *(Folsäure, Kalium, Magnesium)*
Petersilienwurzel *(Kalium, Magnesium)*
Pistazien *(Kalium)*
Pflaumen *(Resveratol)*
Pilze *(Vitamin D)*
Pinienkerne *(Vitamin B-Komplex, Kalium, Magnesium, Zink)*
Quark *(Tryptophan)*
Quinoa *(Folsäure, Magnesium, Tryptophan, ungesättigte Fettsäuren, Zink)*

Radieschen *(Kalium, Magnesium)*
Rettich *(Kalium)*
Rosenkohl *(Vitamin B6, Folsäure, Kalium)*
Rosmarin *(Kalium, Magnesium)*
Rote Bete *(Vitamin B6, Folsäure, Kalium, Magnesium, Zink)*
Rotkohl *(Vitamin B6, Folsäure, Kalium, Magnesium)*
Rucola *(Folsäure, Kalium, Magnesium)*

Safran *(Anregung Serotoninproduktion)*

Salat *(Folsäure)*
Salatgurke *(Kalium, Magnesium)*
Sanddornbeeren *(Vitamin B12)*
Sardinen *(Vitamin B6, Omega-3-Fettsäuren, Selen)*
Schnittlauch *(Folsäure, Kalium, Magnesium)*
Schokolade, dunkle *(Magnesium, Tryptophan)*
Schwarzkümmel *(Kalium, Magnesium, Zink)*
Schwarzwurzeln *(Kalium)*
Seefisch *(Omega-3-Fettsäuren, Selen, Tryptophan)*
Sellerie *(Kalium)*
Sesamsamen *(Vitamin B6, Folsäure, Kalium, Tryptophan, Zink)*
Shiitake-Pilze *(Selen)*
Sojabohnen *(Folsäure, Tryptophan)*
Sonnenblumenkerne *(Folsäure, Magnesium, Tryptophan, Zink)*
Spargel *(Folsäure)*
Spinat *(Vitamin B6, Folsäure, Kalium, Magnesium, ungesättigte Fettsäuren)*
Spirulinaalgen *(Selen, ungesättigte Fettsäuren)*
Steinpilze *(Tryptophan)*
Süßkartoffeln *(Vitamin B6, Kalium, Magnesium, Zink)*

Tahini *(Magnesium)*
Thunfisch *(Vitamin D, Omega-3-Fettsäuren, Selen, Tryptophan)*
Tomaten, getrocknete *(Lycopin)*
Tomaten *(Vitamin B6, Folsäure)*
Tomatenmark *(Kalium)*
Traubensaft, roter *(Resveratol)*

Vollkorngetreide *(Vitamin B6, Tryptophan)*

Walnüsse *(Vitamin B6, Folsäure, Omega-3-Fettsäuren)*
Walnussöl *(Omega-3-Fettsäuren)*
Weintrauben, schwarze *(Anthocyan, Resveratol)*
Weintrauben, grüne *(Resveratol)*
Weißkohl *(Vitamin B6, Kalium, Magnesium)*
Weizenkeime *(Folsäure, Tryptophan)*
Weizenkleie *(Folsäure, Tryptophan)*
Zitronen *(Aktivierung von Serotonin)*
Zwiebeln *(Kalium, Magnesium, Selen)*
Zucchini *(Folsäure, Kalium, Magnesium)*

Diese Lebensmittel sind zu meiden

Alkohol

Chips

Fast Food

Pommes Frites

Transfette

Zucker

Fitnessmüsli

Zutaten für 2 Personen:

100 g Haferflocken
300 g Joghurt
1 Banane
2 EL Beeren, gemischte
1 EL Honig

Zubereitung:

Haferflocken mit Joghurt vermengen.
Banane halbieren, eine Hälfte in Scheiben schneiden, die andere Hälfte mit einer Gabel zerdrücken.
Bananenmus mit Haferflocken und Honig verrühren. Müsli auf zwei Schälchen verteilen, mit Bananenscheiben und Beeren garnieren.

Spiegelei auf Toast

Zutaten für 2 Personen:

2 große Scheiben Vollkorntoast
2 Scheiben Käse
Brotaufstrich
2 Eier
Butter
1 Tomate
2 Stängel Petersilie
20 g Käse, gerieben
Thymian, Pfeffer

Zubereitung:

Petersilie kleinhacken, Tomate in Scheiben schneiden.
Butter in einer kleinen Pfanne schmelzen. Eier hinzugeben, bei mittlerer Hitze anbraten. Tomatenscheiben und geriebenen Käse auf die Eier legen und weitere 2 Minuten braten.
Toast im Toaster kross toasten, abkühlen lassen und mit Brotaufstrich bestreichen. Nacheinander Scheibenkäse und Spiegeleier darauflegen.
Mit Petersilie, Thymian und Pfeffer garnieren.

Obst-Haferflockenbrei

Zutaten für 2 Personen:

60 g Haferflocken
220 ml Mandelmilch
½ Apfel
1 Banane
2 EL Heidelbeeren
2 TL Leinsamen

Zubereitung:

Haferflocken mit Mandelmilch aufkochen, dann auf kleiner Stufe köcheln bis die Haferflocken die Mandelmilch aufgesogen haben.

Den Apfel zerreiben. Banane halbieren, eine Hälfte mit einer Gabel zerdrücken und mit Apfel mischen. Die andere Bananenhälfte in Scheiben schneiden. Die Haferflocken mit Bananen-Apfelmischung verrühren und auf zwei Schälchen verteilen.
Mit Bananenscheiben, Heidelbeeren und Leinsamen garnieren.

Kiwi-Chia-Joghurt

Zutaten für 2 Personen:

300 g griechischer Joghurt
2 Kiwis
2 EL Chiasamen
2 EL Honig, flüssig

Zubereitung:

Kiwis schälen und in dünne Scheiben schneiden.

Joghurt mit Honig verrühren und auf zwei Teller verteilen.

Mit Chiasamen und Kiwi anrichten.

Alfalfa-Sandwich

Zutaten für 2 Personen:

4 Vollkorn-Toast
150 g Kräuterquark
8 EL Alfalfa-Sprossen

Zubereitung:

Toastscheiben rösten, kurz abkühlen lassen.

Mit Kräuterquark bestreichen, Sprossen darauf verteilen.

Bananen-Porridge

Zutaten für 2 Personen:

1 Banane
100 g Haferflocken
2 EL Mandelmus
1 Vanilleschote
150 ml Mandelmilch
100 ml Wasser
1,5 EL Kakaopulver
1 EL Honig

Zubereitung:

Haferflocken mit Mandelmilch und Wasser in einen Topf geben und aufkochen, dabei stetig umrühren.

Mark aus der Vanilleschote ausschaben und hinzugeben.

Banane mit einer Gabel zerdrücken und mit Mandelmus und Kakao einrühren. Mit Honig abschmecken.

Auf niedriger Stufe köcheln bis eine cremige Konsistenz erreicht ist, dabei stetig umrühren.

Apfel-Getreidebrei

Zutaten für 2 Personen:

2 Äpfel
6 EL Getreideflocken
120 ml Hafermilch
120 ml Wasser
1 EL Kokosöl

Zubereitung:

Getreideflocken mit Hafermilch und Wasser in einem Topf aufkochen, dann auf niedriger Stufe köcheln lassen. Von der Herdplatte nehmen und aufquellen lassen.

Äpfel ungeschält vierteln, entkernen und in kleine Stücke schneiden. Mit Kokosöl zu den Getreideflocken geben und mit einem Stabmixer pürieren. Nochmal kurz aufkochen.

Eier-Schinken-Muffins

Zutaten für 2 Personen:

5 Eier
8 Cocktailtomaten
4 Scheiben Schinken
Parmesankäse, gerieben
4 Basilikumblätter
Pfeffer

Zubereitung:

7 Tomaten in feine Würfel schneiden, die andere Tomate vierteln.

Eier verquirlen und Tomatenwürfel und Pfeffer einrühren.

4 Muffinförmchen mit Schinkenscheiben auslegen. Eiermasse hinzugeben, Käse darüber verteilen.

Im vorgeheizten Backofen 15 Minuten bei 170 °C backen. Mit Tomatenvierteln und Basilikum dekorieren.

Buchweizen-Pancakes

Zutaten für 2 Personen:

200 g Buchweizenflocken
400 ml Mandelmilch
40 g Vollkornmehl
4 Eier
2 Bananen
2 EL Honig, flüssig
2 EL Kokosöl

Zubereitung:

Buchweizenflocken, Mehl, Milch und Eier in eine Schüssel geben und verrühren. Den Teig 15 Minuten ziehen lassen.
Pfanne mit Öl erhitzen und portionsweise Pancakes beidseitig auf mittlerer Stufe backen.
Bananen in Scheiben schneiden.
Pancakes mit Bananen und Honig anrichten.

Avocado mit Ei

Zutaten für 2 Personen:

2 Avocados
4 Eier
1 Zucchini
2 Stängel Petersilie
Olivenöl
Zitronensaft
Salz
Pfeffer

Zubereitung:

Avocados abwaschen, trocknen und halbieren. Die Kerne entfernen, das Fruchtfleisch mit Zitronensaft beträufeln.
Die Vertiefungen der Avocados etwas vergrößern und die Eier hineingeben. Mit Salz und Pfeffer würzen. Die Avocadohälften in eine eingefettete Auflaufform setzen.

Im vorgeheizten Backofen bei 200 °C 15 bis 20 Minuten garen bis die Eier die gewünschte Konsistenz erreicht haben.
Zucchini längsseitig in dünne Streifen schneiden und in einer mit Öl erhitzten Pfanne kurz schmoren.
Avocados mit Zucchini und Petersilie anrichten.

Apfel-Möhren-Muffins

Zutaten für 12 Muffins:

2 Eier
1 Apfel
200 g Apfelmus, zuckerfrei
100 g Xylit
200 g Möhren
200 g Vollkornmehl
120 ml Kokosöl
100 g Mandeln, gerieben
4 TL Backpulver
1 TL Zimt
Zitronensaft

Zubereitung:

Apfel und Möhren schälen und auf einer Reibe raspeln. Mit Zitronensaft beträufeln und beiseitestellen.
Eier schaumig schlagen, Xylit unterrühren. Öl, Apfelmus und Zimt hinzugeben.
Mehl, Backpulver und Mandeln ebenfalls unterrühren und zu einer glatten Masse verarbeiten. Apfel und Möhren unterziehen.
Teig in eine eingefettete Muffinform oder entsprechende Förmchen füllen.
Im vorgeheizten Backofen 20 bis 25 Minuten bei 170 °C backen.

Haferbrei mit Eigelb

Zutaten für 2 Personen:

60 g Haferflocken
240 ml Hafermilch
2 Eier
1 EL Petersilie, gehackt
Prise Salz
Kokosöl

Zubereitung:

Haferflocken mit Milch und Salz in einen Topf geben, auf mittlerer Stufe erhitzen. Auf kleiner Stufe 5 Minuten weiterköcheln, bis die Haferflocken die gewünschte Konsistenz erreicht haben.

In der Zwischenzeit die Eier in eine mit Öl erhitzte Pfanne schlagen und so lange braten, bis die Eigelbe noch etwas flüssig sind. Die Eigelbe herausschneiden und mit dem Haferbrei anrichten.
Petersilie darüber streuen.

Bunter Obstsalat

Zutaten für 2 Personen:

2 Bananen
10 Weintrauben, kernlos
1 Kiwi
1 Mandarine
1 Scheibe Wassermelone
1 Scheibe Ananas
1 Pfirsich

Zubereitung:

Bananen in Scheiben, Kiwi, Pfirsich, Melone und Ananas in kleinere Stücke schneiden.

Mandarine in Einzelstücke zerlegen.

Obst in eine große Schüssel geben und umrühren.

Haselnussaufstrich ohne Zucker

Zutaten für 1 Portion:

150 ml Mandelmilch
100 g Haselnüsse, gemahlen
4 EL Kakaopulver
½ TL Steviapulver, weiß

Zubereitung:

Mandelmilch mit Nüssen und Kakaopulver in eine Schüssel geben und zu einer cremigen Masse verrühren.

Mit Stevia nach Belieben abschmecken.

Camembert-Aufstrich

Zutaten für 1 Portion:

150 g Camembert
100 g Magerquark
1 große Zwiebel
6 EL Milch
4 EL Créme fraîche
1 Handvoll Schnittlauch
Paprikapulver
Salz
Pfeffer

Zubereitung:

Camembert in grobe Stücke schneiden. Mit Créme fraîche, Milch und Magerquark pürieren.

Zwiebel und Schnittlauch fein hacken und unterziehen.

Mit den Gewürzen abschmecken.

Kräuterquark-Dip

Zutaten für 4 Portionen:

200 g Magerquark
1 Becher Joghurt
2 EL Créme fraîche
½ Kästchen Kresse
2 Stängel Petersilie
2 Basilikumblätter
Paprikapulver
Salz
Pfeffer

Zubereitung:

Quark mit Joghurt und Créme fraîche cremig rühren. Basilikum, Petersilie und Kresse feinhacken und unterziehen. Mit Gewürzen abschmecken.

Gurken-Quark pikant

***Zutaten für 2 Personen*:**

350 g Magerquark
1 kleine Gurke
2 Knoblauchzehen
1 EL Schnittlauch, gehackt
Saft von ½ Zitrone
Paprikapulver
Salz
Pfeffer

Zubereitung:

Gurke auf einer Küchenreibe raspeln und ausdrücken.

Knoblauch durch eine Knoblauchpresse drücken und mit Zitronensaft, Quark und Schnittlauch vermengen. Gurke unterrühren und mit Gewürzen abschmecken.
Der Gurken-Quark schmeckt als Brotaufstrich oder Dip.

Quark-Dip mit Parmesankäse

Zutaten für 1 Portion:

150 g Magerquark
4 EL Parmesankäse, gerieben
6 EL Milch
1 TL Zitronensaft
Paprikapulver
Salz
Pfeffer

Zubereitung:

Quark mit Milch und Zitronensaft cremig rühren.

Parmesan hinzugeben und mit Gewürzen abschmecken.

Paprikaquark

Zutaten für 2 Personen:

250 g Magerquark
½ Paprikaschote, rot
3 Radieschen
20 ml Milch
1 kleine Zwiebel
1 Stängel Petersilie
Paprikapulver

Zubereitung:

Paprikaschote und Zwiebel in feine Würfel, Radieschen in Scheiben schneiden.

Petersilie fein hacken.

Quark mit Milch verrühren, Petersilie, Paprikaschote und Zwiebel hinzugeben.

Mit Paprikapulver abschmecken und mit Radieschen anrichten.

Himbeermarmelade ohne Zucker

Zutaten für 1 Portion:

200 g TK-Himbeeren
1 TL Flohsamenschalen
½ TL Steviapulver, weiß
1 Limette

Zubereitung:

Himbeeren in einen Topf geben, aufkochen, dann 5 Minuten auf niedriger Stufe köcheln.

Limette auspressen und mit Flohsamen und Stevia so lange in die Himbeeren einrühren bis die Marmelade dicklich wird. Abkühlen lassen und bis zu 4 Tage im Kühlschrank aufbewahren, alternativ in Weckgläsern einmachen.

Erdbeermarmelade ohne Zucker

Zutaten für 1 Portion:

500 g TK-Erdbeeren
4 EL Wasser
2 TL Agar-Agar
½ TL Steviapulver, weiß

Zubereitung:

Erdbeeren mit Wasser in einen Topf geben und erhitzen. Sobald die Erdbeeren weich sind, das Mus auf niedriger Stufe köcheln.

Mit Stevia abschmecken.

Agar-Agar einrühren und andicken lassen.

Abkühlen lassen und bis zu 4 Tage im Kühlschrank aufbewahren, alternativ in Weck-gläsern einmachen.

Möhren-Ingwer-Smoothie

Zutaten für 2 Portionen:

4 Möhren
1 Apfel
1 Stck. Ingwer
200 ml Orangensaft

Zubereitung:

Apfel vierteln, entkernen und in grobe Stücke schneiden.
Möhren putzen und klein schneiden.
Ingwer schälen und grob raspeln.

Alle Zutaten in einen Smoothiemixer geben und so lange pürieren bis die gewünschte Konsistenz erreicht ist.

Beeren-Smoothie

Zutaten für 2 Portionen:

100 g Himbeeren
50 g Johannisbeeren
150 g Erdbeeren
100 ml Kokosmilch
150 ml Wasser

Zubereitung:

Erdbeeren putzen und kleiner schneiden.
Stiele von den Johannisbeeren entfernen.

Beeren mit Kokosmilch und Wasser in einem Smoothiemixer pürieren. So lange mixen und so viel Wasser hinzugeben, bis die gewünschte Konsistenz erreicht ist.

Trauben-Sellerie-Smoothie

Zutaten für 2 Portionen:

100 g Weintrauben, grüne
2 Stangen Staudensellerie
1 Zucchini
1 Zitrone
1 Handvoll Basilikumblätter
200 ml Wasser

Zubereitung:

Zucchini, Sellerie und Zitrone in kleinere Stücke schneiden. Mit Weintrauben und Basilikum in einen Smoothiemixer geben und mit Wasser auffüllen.

So lange pürieren und so viel Wasser hinzugeben, bis die gewünschte Konsistenz erreicht ist.

Spinat-Apfelsinen-Smoothie

Zutaten für 2 Portionen:

100 g Spinat
1 Avocado
1 Banane
2 Apfelsinen
250 ml Wasser

Zubereitung:

Avocado halbieren, entkernen und in grobe Stücke schneiden.
Banane und Apfelsinen ebenfalls in grobe Stücke schneiden. Spinat putzen und mit den weiteren Zutaten in einen Smoothiemixer geben und pürieren. Soviel Wasser hinzugeben, bis die gewünschte Konsistenz erreicht ist.

Kürbis-Smoothie

Zutaten für 2 Personen:

150 g Kürbis
2 Bananen
250 ml Mandelmilch
1 Stck. Ingwer

Zubereitung:

Kürbis und Bananen in kleinere Stücke schneiden.

Ingwer schälen und fein raspeln.

Alle Zutaten in einen Smoothiemixer geben und pürieren.

Grünkohl-Minze-Smoothie

Zutaten für 2 Portionen:

100 g Grünkohl
1 Apfel
1 Birne
1 TL Sesamöl
250 ml Wasser
2 Stängel Minze

Zubereitung:

Apfel und Birne vierteln, entkernen und in grobe Stücke schneiden.

Grünkohl in kleinere Stücke zupfen und mit Obst und Öl in einen Smoothiemixer geben. Mit etwas Wasser auffüllen. So lange pürieren und so viel Wasser hinzugeben, bis die gewünschte Konsistenz erreicht ist.

Mit Minze dekorieren.

Spinat-Smoothie

Zutaten für 2 Portionen:

200 g Spinat
½ Zucchini
1 TL Spirulinaalgen
100 ml Kokosmilch
150 ml Wasser

Zubereitung:

Zucchini in kleinere Stücke schneiden.

Spinat putzen und mit Zucchini, Spirulinaalgen und Kokosmilch im Smoothiemixer pürieren. So viel Wasser hinzugeben, bis die gewünschte Konsistenz erreicht ist.

Sellerie-Smoothie mit Kiwi

Zutaten für 2 Personen:

1 Granny Smith
2 Stangen Staudensellerie
2 Kiwis
½ Bund Petersilie
1 TL Spirulinaalgen
250 ml Wasser

Zubereitung:

Apfel vierteln, entkernen und in grobe Stücke schneiden.

Kiwis halbieren und Fruchtfleisch herauslösen.

Sellerie und Petersilie in kleinere Stücke schneiden.

Alles in einen Smoothiemixer geben. Mit Wasser auffüllen. So lange pürieren und so viel Wasser hinzugeben, bis die gewünschte Konsistenz erreicht ist.

Goji-Ingwer-Tee

Zutaten für 1 Portion:

5 TL Goji-Beeren, getrocknet
1 Stck. Ingwer
1 Liter Wasser

Zubereitung:

Ingwer schälen und mit Goji-Beeren in eine Kanne geben.

Mit Wasser aufgießen und 10 Minuten ziehen lassen.

Durch ein Sieb abgießen, Tee dabei auffangen und in eine Thermoskanne füllen.

Zitronen-Ingwer-Saft

Zutaten für 1 Portion:

4 Zitronen
250 g Ingwer
1,5 EL Honig
Wasser

Zubereitung:

Ingwer schälen und in dünne Scheiben schneiden. In einen Topf geben und mit Wasser auffüllen, sodass alles bedeckt ist. Auf niedriger Stufe 20 Minuten köcheln.

Zitronen auspressen und mit Honig vermengen.
Ingwer in einem Sieb abgießen, Sud auffangen und abkühlen lassen.
Mit Zitronensaft verrühren und in eine Karaffe füllen.
Im Kühlschrank aufbewahren.
Bei Bedarf mit stillem Wasser verdünnen.

Zitronenlimonade

Zutaten für 2 Gläser:

3 Zitronen
1 EL Honig
250 ml Mineralwasser, ohne Kohlensäure
250 ml Mineralwasser, mit Kohlensäure

Zubereitung:

Zitronen auspressen, Saft mit stillem Wasser in einen Topf geben und erhitzen. Zitronenwasser vom Herd nehmen, mit Honig abschmecken und abkühlen lassen.
Im Kühlschrank mindestens 1 Stunde lang erkalten lassen. Mit kaltem kohlensäure-haltigen Mineralwasser auffüllen.

Brottrunk-Rote Bete-Saft

Zutaten für 1 Portion:

80 ml Brottrunk
100 ml Rote Bete-Saft
50 ml Wasser
1 TL Kräuter, frisch gehackt
Salz
Pfeffer

Zubereitung:

Brottrunk mit Rote Bete-Saft, Wasser und Kräutern verquirlen.

Mit Salz und Pfeffer abschmecken.

Grapefruit-Kokosmilch

Zutaten:

2 Grapefruits
120 ml Kokosmilch
1 EL Kokosflocken

Zubereitung:

Grapefruits mit einer Saftpresse auspressen.

Saft mit Kokosmilch verquirlen, mit Kokosflocken garnieren.

Holunderblütensirup

Zutaten für 1 Portion:

15 Holunderblütendolden, frische
2 Zitronen
3 TL Honig
5 g Zitronensäure
1 Liter Wasser, still

Zubereitung:

Zitronen gründlich waschen und in dünne Scheiben schneiden.
Wasser aufkochen, Honig und Zitronensäure darin auflösen, dann etwas abkühlen lassen.
Holunderblüten mit Zitronenscheiben in ein großes verschließbares Gefäß geben und mit dem lauwarmen Wasser übergießen.
Zudecken und 2 Tage ziehen lassen, täglich mindestens einmal umrühren.
Mit einem feinmaschigen Sieb abseihen. In Karaffen umfüllen und im Kühlschrank aufbewahren oder portionsweise einfrieren.

Ananas-Shake

Zutaten für 2 Personen:

350 g Ananas
1 Apfelsine
½ Limette
4 Minzeblätter
120 ml Wasser
250 ml Kokosmilch
1 EL Honig

Zubereitung:

Ananas schälen und in kleinere Stücke schneiden.
Apfelsine und Limette auspressen.
Minzeblätter grob hacken. Alle Zutaten in einen Mixer geben und pürieren.
Im Kühlschrank abkühlen lassen.

Chia-Zitronenwasser

Zutaten für 1 Portion:

1,5 EL Chiasamen
1,5 Liter Wasser
2 Zitronenscheiben

Zubereitung:

Chiasamen mit 300 ml Wasser verrühren und eine Stunde lang im Kühlschrank zu einem Gel aufquellen lassen.

Das Gel mit dem restlichen Wasser vermengen, Zitronenscheiben hinzugeben.

Scharfer Kichererbsensalat

Zutaten für 2 Personen:

450 g Kichererbsen
¼ Gurke
8 Radieschen
2 Stängel Petersilie
4 Minzeblätter
½ Chilischote
2 EL Apfelessig
2 EL Olivenöl
Pfeffer
Salz

Zubereitung:

Kichererbsen in einem Sieb abtropfen lassen.
Radieschen vierteln, Gurke halbieren und in Scheiben schneiden. Petersilie, Chilischote und Minzeblätter fein hacken.
Für das Dressing Essig mit Olivenöl, Pfeffer und Salz verquirlen. Alles in eine Schüssel geben und verrühren.

Avocado-Mozzarella-Salat

Zutaten für 2 Personen:

1 Avocado
10 Cocktailtomaten
50 g Rucola
¼ Salatgurke
15 Mozzarellakugeln, klein
4 EL Olivenöl
1 TL Zitronensaft
Salz
Pfeffer

Zubereitung:

Avocado halbieren, entkernen, schälen und in Scheiben schneiden.
Tomaten halbieren.
Rucola putzen, abwaschen und trockenschleudern.
Gurke in Scheiben schneiden.
Für das Dressing Öl mit Zitronensaft, Salz und Pfeffer verquirlen.
Gemüse und Mozzarella auf zwei Tellern anrichten, Dressing darüber verteilen.

Feldsalat mit Paprika

Zutaten für 2 Personen:

200 g Feldsalat
1 Paprikaschote, rot
2 Stängel Petersilie
10 g Sonnenblumenkerne
20 g Kürbiskerne
10 g Hanfsamen
1 TL Thymian
1 Frühlingszwiebel
1 kleine Zwiebel
1 Prise Rosmarin
2 EL Olivenöl
1 hartes Brötchen

Salatsauce:

4 EL Olivenöl
1 EL Kürbiskernöl
2 EL Joghurt

Zubereitung:

Feldsalat putzen, waschen und in Salatschleuder trocknen.
Brötchen in kleine Stücke schneiden.

Zwiebel fein hacken und mit Thymian und Rosmarin in erhitztem Olivenöl anschwitzen. Brötchen hinzugeben und kross anbraten.

Paprika in Würfel schneiden.

Petersilie und Kürbiskerne fein hacken.

Frühlingszwiebel putzen und in Ringe schneiden.

Für die Sauce Joghurt mit Öl verrühren.

Salat und Brötchen in eine Schüssel geben, Dressing unterrühren.

Mit Sonnenblumenkernen, Kürbiskernen, Hanfsamen und Petersilie anrichten.

Grapefruit-Salat

Zutaten für 2 Personen:

1 Salatherz
2 Grapefruits
1 Apfelsine
3 TL Honig
5 EL Sesamöl
1 EL Schnittlauch
Salz
Pfeffer

Zubereitung:

Salat in grobe Stücke zupfen, waschen und trockenschleudern.

Apfelsine auspressen.

Grapefruits filetieren und in kleinere Stücke schneiden. Saft auffangen und mit Apfelsinensaft und Honig in einem Topf zu Sirup köcheln.

Sirup mit Öl, Salz und Pfeffer vermengen.

Salat mit Grapefruits anrichten, Sirupsoße und Schnittlauch darüber verteilen.

Wirsingsalat mit Kichererbsen

Zutaten für 2 Personen:

250 g Kichererbsen
1 Avocado
150 g Wirsing
4 EL Sesamöl
2 EL Apfelessig
2 EL Honig
1 EL Petersilie, gehackt
Salz
Pfeffer

Zubereitung:

Wirsingblätter in schmale Streifen schneiden.
Kichererbsen in einem Sieb abtropfen lassen.
Avocado halbieren, entkernen und in kleinere Stücke schneiden und mit Wirsing und Kichererbsen vermengen.
Honig mit Sesamöl, Essig, Salz und Pfeffer verquirlen.
Salat auf zwei Tellern anrichten, Dressing und Petersilie darüber verteilen.

Griechischer Salat

Zutaten für 2 Personen:

½ Salatgurke
½ Paprikaschote
2 Tomaten
1 rote Zwiebel
100 g Schafskäse
4 Salatblätter
6 schwarze Oliven
3 EL Olivenöl
1 EL Balsamico-Essig
Salz
Pfeffer

Zubereitung:

Gurke schälen und würfeln.
Paprikaschote vierteln, entkernen und in Würfel schneiden.
Tomaten und Schafskäse in Würfel, Oliven in Scheiben schneiden.
Zwiebel halbieren und in feine Ringe schneiden.
Salatblätter in grobe Stücke zupfen.
Alles in eine Salatschüssel geben und mit Öl und Essig vermengen.
Mit Salz und Pfeffer abschmecken.

Fruchtiger Rote-Bete-Salat

Zutaten für 2 Personen:

250 g Rote Bete, gekocht
1 Apfel
1 Stck. Weißkohl
1 kleine Zwiebel
2 EL Apfelessig
2 Stängel Koriander
3 EL Olivenöl
Salz
Pfeffer

Zubereitung:

Rote Bete in kleine Würfel schneiden.
Weißkohl auf einer Küchenreibe fein raspeln.
Apfel schälen, vierteln, entkernen und in kleine Würfel schneiden.
Koriander von den Stielen zupfen und klein hacken.
Für das Dressing Olivenöl mit Essig, Salz und Pfeffer verquirlen.
Alle Zutaten in eine Schüssel geben, gut umrühren und ziehen lassen.

Brokkoli-Ei-Salat

Zutaten für 2 Personen:

250 g Brokkoli
2 Eier
½ Avocado
¼ Salatgurke
25 ml süße Sahne
50 ml saure Sahne
Salz
Pfeffer

Zubereitung:

Brokkoli in Röschen schneiden und 15 Minuten in leicht gesalzenem Wasser garen.
Eier hart kochen, abkühlen lassen und in kleinere Stücke schneiden.
Avocado halbieren, entkernen, schälen und in Scheiben schneiden.
Gurke längs halbieren und in Scheiben schneiden.
Sahne mit Salz und Pfeffer verquirlen.
Alle Zutaten in eine Schüssel geben und umrühren.

Champignon-Nudelsalat

Zutaten für 2 Personen:

250 g Vollkornnudeln
150 g braune Champignons
150 g Feldsalat
10 Cocktailtomaten
50 g Parmesan, gerieben
1 EL Kürbiskerne
3 EL Olivenöl
1 EL Balsamico-Essig
Salz
Pfeffer

Zubereitung:

Nudeln in leicht gesalzenem Wasser bissfest kochen, abgießen und abkühlen lassen.

Feldsalat auseinanderzupfen.

Champignons in dünne Scheiben schneiden, Cocktailtomaten vierteln.

Kürbiskerne grob hacken und in einer fettfreien Pfanne anrösten.

Alles in eine Salatschüssel geben und umrühren.

Für das Dressing Öl mit Essig, Salz und Pfeffer vermengen und mit Salat vermengen. Parmesan darüber verteilen.

Quinoa-Avocado-Salat

Zutaten für 2 Portionen:

1 Tasse Quinoa
½ Gurke
1 essreife Avocado
½ Zwiebel
1 – 2 EL Olivenöl
1 TL Balsamcio-Essig
Salz
Pfeffer

Zubereitung:

Quinoa gründlich abspülen, in leicht gesalzenem Wasser ca. 20 Minuten garen, ausquellen und abkühlen lassen.

Avocado, Zwiebel und Gurke fein würfeln.

Essig mit Öl, Salz und Pfeffer verrühren.

Alle Zutaten in eine Schüssel geben und gut umrühren.

Fenchelsalat mit Parmesan

Zutaten für 2 Portionen:

2 Fenchelknollen
¼ Gurke
50 g Parmesan, gehobelt
3 EL Joghurt, fettreduziert
1 Stängel Petersilie
2 EL Sesamöl
Salz
Pfeffer

Zubereitung:

Strunk und äußere Blätter von den Fenchelknollen entfernen.

Fenchel in feine Streifen, Gurke längs halbieren und in Scheiben schneiden.

Für das Dressing Sesamöl mit Joghurt, fein gehackter Petersilie, Salz und Pfeffer verrühren.

Alles in eine Schüssel geben und gut umrühren. Parmesan darüber verteilen.

Feldsalat mit Kichererbsen

Zutaten für 2 Personen:

250 g Feldsalat
1 Avocado
100 g Kichererbsen
1 Apfelsine
4 EL Joghurt
1 Zitrone
Pfeffer
Salz

Zubereitung:

Salat putzen und waschen.
Apfelsine und Avocado in mundgerechte Stücke schneiden.
Kichererbsen abtropfen lassen, mit Apfelsine und Avocado zum Salat geben.
Zitrone auspressen, mit Salz und Pfeffer würzen und mit Salat vermengen.
Salat mit Joghurt anrichten.

Granatapfel-Rucola-Salat

Zutaten für 2 Personen:

½ Granatapfel
1 Apfelsine
100 g Rucola
25 g Pecorino am Stück
4 EL Olivenöl
1 EL Apfelessig
1 EL Honig
Salz
Pfeffer

Zubereitung:

Rucola grob zerteilen, Pecorino hobeln, Kerne aus dem Granatapfel herauspulen.

Apfelsine filetieren und in kleinere Stücke schneiden, mit Rucola und Granatapfel vermengen.

Olivenöl mit Essig, Honig, Salz und Pfeffer verrühren, mit Salat und Pecorino anrichten.

Corona-Salat

Zutaten für 2 Personen:

150 g Feldsalat
4 Tomaten
1 Frühlingszwiebel
3 Knoblauchzehen
20 g Schnittlauch
20 g Kürbiskerne
30 g Sonnenblumenkerne
50 g Petersilie
50 g Käse, gerieben
70 g grüner Bärlauchkäse
3 EL Olivenöl
1 TL Balsamico-Essig
½ TL Himalayasalz
½ TL Pfefferkörner
Ciabatta

Zubereitung:

Feldsalat putzen, waschen und trocknen.
Tomaten und Bärlauchkäse in Würfel, Frühlingszwiebel in Ringe schneiden.
Petersilie und Schnittlauch in grobe Stücke hacken.
Knoblauch fein hacken.
Salz und Pfeffer mahlen und mit Olivenöl und Balsamico-Essig verquirlen.
Alle Zutaten in eine Schüssel geben und umrühren. Mit Ciabatta servieren.

Quinoa-Tomaten-Salat

Zutaten für 2 Personen:

1 Tasse Quinoa
¼ Salatgurke
8 Cocktailtomaten
50 g Rucola
4 EL Sesamöl
½ TL Apfelessig
Salz
Pfeffer

Zubereitung:

Quinoa unter fließendem kaltem Wasser in einem Sieb abspülen. In leicht gesalzenem Wasser aufkochen, dann auf mittlerer Stufe ca. 10 Minuten garen. In einem Sieb abgießen und abkühlen lassen.

Gurke in Würfel, Tomaten in Hälften schneiden.
Rucola putzen, abwaschen und trockenschleudern.
Für das Dressing Essig mit Öl, Salz und Pfeffer verquirlen.
Alle Zutaten in eine Schüssel geben und umrühren.

Romana mit Schafskäse

Zutaten für 2 Personen:

1 Kopf Romana
½ rote Paprikaschote
20 g Sonnenblumenkerne
20 g Kürbiskerne
20 g Lauchringe
2 Stängel Petersilie
2 Stängel Basilikum, rot
2 Stängel Rosmarin
30 g Schafskäse mit Rosmarin
Olivenöl
Balsamico-Essig
Salz
Pfeffer

Zubereitung:

Salatblätter, Paprika, Schafskäse und Petersilie klein schneiden.
Mit Lauch in eine Schüssel geben und mit Olivenöl, Essig, Salz und Pfeffer vermengen.
Mit Kürbiskernen, Sonnenblumenkernen, Basilikum und Rosmarin garnieren.

Rote-Bete-Salat mit Feta

Zutaten für 2 Personen:

200 g Rote Bete, gekocht
5 Salatblätter
50 g Feta-Käse
2 EL Walnüsse
3 EL Sesamöl
1,5 EL Apfelessig
Salz
Pfeffer

Zubereitung:

Rote Bete vierteln und in Scheiben schneiden.
Salatblätter putzen, in kleinere Stücke zupfen, waschen und trockenschleudern.
Walnüsse in einer fettfreien Pfanne anrösten.
Öl mit Essig, Salz und Pfeffer verquirlen.
Rote Bete mit Salatblättern und Nüssen in eine Schüssel geben, mit Dressing vermengen. Feta zerbröseln und über den Salat streuen.

Spinat-Erdbeer-Salat

Zutaten für 2 Personen:

150 g Spinat
1 rote Zwiebel
10 kleine Erdbeeren
6 gelbe Cocktailtomaten
50 g Feta
2 EL Mandeln
3 EL Olivenöl
1 TL Apfelessig
Salz
Pfeffer

Zubereitung:

Mandeln grob hacken und in einer fettfreien Pfanne anrösten.
Spinat putzen, in kleinere Stücke schneiden und trockentupfen.
Zwiebel halbieren und in Ringe schneiden. Erdbeeren putzen, Tomaten halbieren. Feta zerbröseln. Olivenöl mit Essig, Salz und Pfeffer verquirlen. Salat mit Dressing, Mandeln und Feta anrichten.

Bunter Kichererbsen-Salat

Zutaten für 2 Personen:

10 Cocktailtomaten
150 g Kichererbsen
1 Möhre
2 Blätter Rotkohl
1 Handvoll Feldsalat
4 EL Sesamöl
1 EL Zitronensaft
Salz
Pfeffer

Zubereitung:

Möhre schälen und auf einer Küchenreibe fein raspeln.
Rotkohlblätter in feine Streifen schneiden.
Tomaten halbieren. Kichererbsen in einem Sieb abtropfen lassen.
Für das Dressing Öl mit Zitronensaft, Salz und Pfeffer verquirlen.
Alle Zutaten in eine Schüssel geben, gut umrühren, mit Feldsalat dekorieren.

Avocado-Himbeer-Salat

Zutaten für 2 Personen:

1 Avocado
100 g Himbeeren
50 g Rucola
1 Handvoll roter Pflücksalat
3 Blätter Lollo Rosso
50 g Schafskäse
3 EL Olivenöl
1 EL Zitronensaft
Salz
Pfeffer

Zubereitung:

Avocado halbieren, entkernen, schälen und in kleinere Stücke schneiden.
Rucola putzen, in kleinere Stücke zupfen, waschen, trockentupfen.
Schafskäse zerbröseln.
Olivenöl mit Zitronensaft, Salz und Pfeffer verquirlen.
Alle Zutaten in eine Schüssel geben und verrühren.

Kaki-Granatapfel-Salat

Zutaten für 2 Personen:

1 Kakifrucht
100 g Pflücksalat
1 Granatapfel
½ Avocado
2 EL Walnüsse
4 EL Olivenöl
1 Apfelsine
1 EL Tahini
2 EL Zitronensaft
1 TL Honig
Salz
Pfeffer

Zubereitung:

Walnüsse grob hacken und in einer fettfreien Pfanne anrösten.

Kaki waschen, quer fein aufschneiden, vierteln und Kerne entfernen.

Salat putzen, in kleinere Stücke zupfen, waschen, trockentupfen.

Granatapfel halbieren und die Kerne herauspulen.

Avocado schälen und in Scheiben schneiden.

Für das Dressing Apfelsine auspressen und Saft mit Tahini, Zitronensaft, Honig und Öl verquirlen. Mit Salz und Pfeffer abschmecken.

Salat in einer Schüssel anrichten, Dressing und Walnüsse darüber v erteilen.

Fenchel-Apfelsinensalat

Zutaten für 2 Personen:

200 g Fenchel
½ rote Zwiebel
½ Apfelsine
1 TL Sesamsamen
1 Stängel Koriander
1 TL Sesamöl
¼ TL Senf
½ TL Honig
½ TL Apfelessig
Salz
Pfeffer

Zubereitung:

Sesamsamen in einer fettfreien Pfanne goldbraun rösten.

Fenchel putzen und halbieren. Den Strunk entfernen und Fenchel in feine Streifen schneiden.

Zwiebel vierteln und in feine Streifen schneiden.

Apfelsine filetieren und in kleinere Stücke schneiden. Saft dabei auffangen und mit Sesamöl, Honig, Essig und Senf verrühren.
Mit Salz und Pfeffer würzen.

Fenchel mit Apfelsinenstücken, Zwiebel, Sesamsamen vermengen, Dressing unterrühren.

Koriander klein hacken und über den Salat streuen.

Lachs-Tomaten-Salat

Zutaten für 2 Personen:

100 g Pflücksalat
100 g geräucherter Lachs
¼ Salatgurke
8 Cocktailtomaten
2 EL Honig
4 EL Balsamico-Essig

Zubereitung:

Pflücksalat putzen, in kleinere Stücke zupfen, waschen und trocken-schleudern.
Lachs in 1 cm breite Streifen schneiden.
Tomaten halbieren.
Gurke in Scheiben schneiden.
Für das Dressing Honig mit Essig verquirlen.
Salat mit Dressing anrichten.

Tomaten-Mozzarella-Salat

Zutaten für 2 Personen:

12 kleine Mozzarella-Kugeln
12 Cocktailtomaten
2 Stängel Basilikum
4 EL Olivenöl
1 EL Balsamico-Essig
Salz
Pfeffer

Zubereitung:

Basilikumblätter von den Stielen lösen.

Olivenöl mit Essig, Salz und Pfeffer verrühren.

Alle Zutaten in eine Schüssel geben und umrühren.

Französischer Thunfisch-Salat

Zutaten für 2 Personen:

100 g Thunfisch
10 Radieschen
4 Cocktailtomaten
2 Eier
50 g Rucola
15 schwarze Oliven
8 Radieschen
1 EL Schnittlauch, gehackt
2 Knoblauchzehen
1,5 EL Apfelessig
4 EL Olivenöl
Salz
Pfeffer

Zubereitung:

Eier hart kochen, abkühlen lassen und in Achtel schneiden.

Rucola putzen, abwaschen und trockenschleudern.

Radieschen in Scheiben, Tomaten in Hälften schneiden.

Thunfisch abtropfen lassen und mit einer Gabel auseinanderzupfen.

Für das Dressing Knoblauch fein würfeln und mit Öl, Essig, Salz und Pfeffer verrühren.

Alles in einer Schüssel anrichten, Dressing über den Salat gießen.

Lauwarmer Linsensalat

Zutaten für 2 Personen:

200 g rote Linsen
1 Paprikaschote, rot
100 g Rucola
1 Frühlingszwiebel
400 ml Gemüsebrühe
3 EL Zitronensaft
1 EL Wasser
1 TL Honig
1 EL Kokosöl
Salz
Pfeffer

Zubereitung:

Linsen in Gemüsebrühe 10 Minuten köcheln.

Paprikaschote würfeln, Rucola putzen, Frühlingszwiebel in Ringe schneiden.

Für das Dressing Zitronensaft mit Honig, Öl, Wasser, Salz und Pfeffer vermengen.

Alle Zutaten in eine Schüssel geben und gut umrühren.

Süßkartoffelsuppe

Zutaten für 2 Personen:

2 Süßkartoffeln
1 Zwiebel
1 Stängel Petersilie
400 ml Gemüsebrühe
2 EL Crème fraîche
Muskatnuss
Salz
Pfeffer

Zubereitung:

Kartoffeln und Zwiebel schälen, würfeln und in der Gemüsebrühe aufkochen, dann auf niedriger Stufe 10 Minuten köcheln.

Mit einem Stabmixer pürieren, mit Crème fraîche und Gewürzen abschmecken. Nach Belieben Wasser hinzugeben bis die gewünschte Konsistenz erreicht ist.
Mit Petersilie anrichten.

Brokkolicremesuppe

Zutaten für 2 Personen:

300 g Brokkoli
400 ml Gemüsebrühe
1 Zwiebel
1 EL Sesamsamen
2 Blätter Basilikum
1 EL Kokosöl
Muskat
Salz
Pfeffer

Zubereitung:

Brokkoli in grobe Stücke schneiden.

Zwiebel fein hacken und in erhitztem Kokosöl anschwitzen. Brokkoli hinzugeben und mit Gemüsebrühe ablöschen. Auf niedriger Stufe 15 Minuten köcheln.

Sesamsamen in einer fettfreien Pfanne anrösten.

Suppe mit einem Stabmixer pürieren, nochmal kurz aufkochen, mit Gewürzen abschmecken. Mit Sesamsamen und Basilikum anrichten.

Rote Linsensuppe

Zutaten für 2 Personen:

100 g rote Linsen
½ Zwiebel
1 Möhre
½ Paprikaschote, rot
1 Stck. Ingwer
350 ml Gemüsebrühe
200 ml Kokosmilch
1 EL Apfelessig
½ TL Curcumapulver
2 Stängel Koriander
Kokosöl
Salz
Pfeffer

Zubereitung:

Paprikaschote entkernen und in kleinere Stücke schneiden.

Möhre, Zwiebel und Ingwer schälen und klein würfeln.

Zwiebel in einem mit Öl erhitzten Topf anschwitzen.

Ingwer und Curcumapulver hinzugeben.

Kurz weiterdünsten, dann Linsen und Möhren einrühren.

Mit Gemüsebrühe und Kokosmilch ablöschen, weitere 20 Minuten auf niedriger Stufe köcheln lassen.

Mit einem Stabmixer pürieren, nochmal kurz aufkochen und mit Essig und Gewürzen abschmecken.

Mit Koriander anrichten.

Kräutersuppe

Zutaten für 2 Personen:

5 Kartoffeln
2 Möhren
10 Handvoll Bärlauch
1 Stängel Brennnesseln
1 Stängel Giersch
1 Handvoll Schnittlauch
1 Zwiebel
1 hartgekochtes Ei
10 Gänseblümchen-Blüten
500 ml Gemüsebrühe
2 Scheiben Ciabatta
Olivenöl
Salz
Pfeffer

Zubereitung:

Kartoffeln und Möhren schälen, in grobe Stücke schneiden.

Zwiebel fein hacken und in erhitztem Öl anschwitzen. Möhren und Kartoffeln hinzugeben, mit Gemüsebrühe ablöschen und 25 Minuten köcheln.

Ciabatta toasten und in kleine Stücke schneiden.

Kräuter klein schneiden und nach 15 Minuten Garzeit hinzugeben. Mit einem Stabmixer pürieren, nochmal kurz aufkochen, mit Salz und Pfeffer abschmecken.

Das Ei längs halbieren.

Suppe auf zwei Teller verteilen, mit Ciabatta, Ei und Blüten garnieren.

Vegetarischer Bauerntopf

Zutaten für 2 Personen:

200 g Kartoffeln
150 g Möhren
1 Paprikaschote, rot
1 kleine Zwiebel
2 Knoblauchzehen
50 g Tomatenmark
300 ml Gemüsebrühe
1 EL Crème fraîche
1 EL Kokosöl
Salz
Pfeffer

Zubereitung:

Kartoffeln und Möhren schälen und in Würfel schneiden.

Zwiebel und Knoblauch fein hacken und in erhitztem Kokosöl anschwitzen. Kartoffeln und Möhren hinzugeben und kurz anbraten.

Tomatenmark einrühren mit Gemüsebrühe ablöschen. Kurz aufkochen, dann auf niedriger Stufe 40 Minuten köcheln lassen.

Paprikaschote entkernen und in Streifen schneiden. 10 Minuten vor Ende der Kochzeit zum Eintopf geben.

Mit Salz und Pfeffer abschmecken, mit Crème fraîche anrichten.

Gazpacho - Kalte Tomatensuppe

Zutaten für 2 Personen:

600 g Tomaten
50 g Crème fraîche
50 g Joghurt
4 Knoblauchzehen
2 Stängel Petersilie
½ TL Schwarzkümmel
1 Prise Thymian
1 Prise Kräuter der Provence
Pfeffer
Ciabatta mit Butter

Zubereitung:

Tomaten waschen, vierteln und putzen, im Mixer schaumig rühren.
Knoblauchzehen klein schneiden und mit Crème fraîche und Gewürzen hinzugeben.
Auf zwei Tellern verteilen, mit Joghurt, Petersilie und Schwarzkümmel anrichten.
Mit Ciabatta und Butter servieren.

Brokkoli-Lauchsuppe

Zutaten für 2 Personen:

250 g Brokkoli
1 Lauchstange
1 kleine Zwiebel
400 ml Gemüsebrühe
2 Stängel Petersilie
30 ml Sahne
1 EL Kokosöl
Muskat
Salz
Pfeffer

Zubereitung:

Lauch putzen und in Ringe schneiden. Brokkoli in Röschen schneiden. Zwiebel fein hacken und in erhitztem Öl anschwitzen. Brokkoli und Lauch hinzugeben und kurz anbraten. Mit Gemüsebrühe ablöschen, dann auf niedriger Stufe 15 Minuten garen. Petersilie hinzugeben, mit einem Stabmixer pürieren, Sahne unterrühren und nochmal kurz erhitzen. Mit Gewürzen abschmecken.

Knoblauchsuppe mit Croutons

Zutaten für 2 Personen:

1 Kartoffel
5 Knoblauchzehen
1 kleine Zwiebel
500 ml Gemüsebrühe
1 Eigelb
½ EL Apfelessig
1 Stängel Dill
3 Scheiben Ciabatta
Salz
Pfeffer

Zubereitung:

Kartoffel, Zwiebel und Knoblauch schälen, in Würfel schneiden und mit Gemüsebrühe in einen Topf geben. Kurz aufkochen, dann 15 Minuten auf kleiner Stufe köcheln, mit Stabmixer pürieren.
Ciabatta in Würfel schneiden und in einer mit Öl erhitzten Pfanne rösten.
Das Eigelb mit etwas Suppe verquirlen und mit einem Schneebesen unter die Suppe schlagen. Kurz vor Ende Essig hinzugeben. Mit Salz und Pfeffer abschmecken.
Suppe auf zwei Teller verteilen, mit Croutons und Dill anrichten.

Erbsensuppe mit Minze

Zutaten für 2 Personen:

250 g Erbsen
100 g Kartoffeln
½ Sellerieknolle
2 Möhren
1 Zwiebel
500 ml Gemüsebrühe
2 EL Crème fraîche
2 Stängel Minze
Kokosöl
Salz
Pfeffer

Zubereitung:

Möhren, Kartoffeln, Sellerie und Zwiebel schälen und klein schneiden.
Öl in einem Topf erhitzen und Zwiebel anbraten. Mit Gemüsebrühe ablöschen, Erbsen hinzugeben und 30 Minuten köcheln.
Nach 10 Minuten Garzeit Kartoffeln, Möhren und Sellerie hinzugeben, zwischendurch umrühren. 2 EL Erbsen herausnehmen und beiseitestellen. Suppe mit einem Stabmixer pürieren, erneut erhitzen, mit Salz und Pfeffer abschmecken. Mit Crème fraîche, Erbsen und Minze anrichten.

Kürbis-Möhrensuppe

Zutaten für 2 Personen:

350 g Kürbisfleisch
100 g Möhren
1 Zwiebel
650 ml Gemüsebrühe
2 EL Sahne
1 EL Olivenöl
4 Stängel Majoran
Curcuma
Salz
Roter Pfeffer

Zubereitung:

Kürbisfleisch, Möhren und Zwiebel in Würfel schneiden.
Zwiebel in Öl anschwitzen, dann Kürbis und Möhren hinzugeben. Mit Gemüsebrühe ablöschen und 15 Minuten köcheln.
Mit einem Stabmixer pürieren, mit Curcuma, Salz und Pfeffer abschmecken.
Mit Sahne und Majoran anrichten.

Borschtsch vegetarisch

Zutaten für 2 Personen:

1 Rote Bete
¼ Weißkohl
2 Kartoffeln
2 Möhren
1 Zwiebel
2 Knoblauchzehen
600 ml Gemüsebrühe
2 EL Tomatenmark
1 Handvoll Schnittlauch
2 EL Olivenöl
Salz, Pfeffer

Zubereitung:

Kartoffeln, Möhren und Rote Bete schälen und klein schneiden.
Weißkohl in fingerlange Streifen schneiden. Rote Bete und Möhren in einer mit Öl erhitzten Pfanne andünsten.
Zwiebel und Knoblauch fein hacken und in einem großen Topf mit Öl glasig braten. Kartoffeln hinzugeben, mit Gemüsebrühe ablöschen. Gemüse aus der Pfanne und Kohlstreifen einrühren. Suppe so lange kochen, bis das Gemüse bissfest ist. Mit Tomatenmark, Salz und Pfeffer abschmecken. Schnittlauch fein hacken und über die Suppe streuen.

Linsen-Curcuma-Suppe

Zutaten für 2 Personen:

200 g rote Linsen
2 Möhren
2 Tomaten
1 Zwiebel
2 Knoblauchzehen
400 ml Gemüsebrühe
100 ml Kokosmilch
1 EL Zitronensaft
1 EL Kokosöl
1 TL Curcumapulver
Salz
Pfeffer

Zubereitung:

Tomaten und Möhren in Stücke schneiden.
Zwiebel und Knoblauch würfeln und mit Linsen im Öl andünsten. Mit Gemüsebrühe und Kokosmilch ablöschen.
Tomaten und Möhren einrühren, ca. 20 Minuten köcheln lassen.
Mit Zitronensaft und Gewürzen abschmecken.

Rote Bete-Suppe

Zutaten für 2 Personen:

3 Rote Bete-Knollen
4 Kartoffeln
1 Zwiebel
1 Stck. Ingwer
1 EL Pinienkerne
600 ml Gemüsebrühe
3 EL Crème fraîche
1 Stängel Rosmarin
Olivenöl
Salz
Pfeffer

Zubereitung:

Kartoffeln und Rote Bete schälen und in kleinere Stücke schneiden.
Pinienkerne in einer fettfreien Pfanne anrösten.
Zwiebel und Ingwer fein hacken und in erhitztem Öl anschwitzen. Mit Gemüsebrühe ablöschen. Rote Bete und Kartoffeln hinzugeben und 30 Minuten auf mittlerer Stufe köcheln. Mit einem Stabmixer pürieren.
Mit Salz und Pfeffer abschmecken. Mit Crème fraîche, Pinienkernen und Rosmarin anrichten.

Bunter Gemüseeintopf

Zutaten für 2 Personen:

3 Kartoffeln
3 Möhren
½ Lauchstange
1 Kohlrabi
500 ml Gemüsebrühe
1 Zwiebel
1 Stängel Petersilie
Kokosöl
Muskat
Salz
Pfeffer

Zubereitung:

Kartoffeln, Möhren, Kohlrabi und Zwiebel schälen und in Würfel schneiden. Lauch putzen und in feine Ringe schneiden.
Zwiebel in erhitztem Öl anschwitzen. Gemüse hinzugeben, kurz anbraten, dann mit Gemüsebrühe ablöschen. Auf mittlerer Stufe 20 Minuten garen. Crème fraîche einrühren, mit Gewürzen abschmecken. Mit Petersilie garnieren.

Kokos-Currysuppe

Zutaten für 2 Personen:

1 Paprikaschote, rot
½ Bund Frühlingszwiebeln
½ Zwiebel
1 Stck. Ingwer
500 ml Gemüsebrühe
150 ml Kokosmilch
1 EL Currypulver
1,5 EL Mehl
2 EL Kokosöl
Salz

Zubereitung:

Frühlingszwiebeln putzen und in Ringe, Paprikaschote in Streifen schneiden.

Zwiebel und Ingwer fein hacken, in etwas Öl anschwitzen. Mehl und Curry hinzugeben und kurz mitgaren. Mit Gemüsebrühe ablöschen. Kokosmilch einrühren, Paprikaschote und Frühlingszwiebel hinzugeben.

Suppe aufkochen und ca. 15 Minuten köcheln bis die Paprikastreifen weich sind. Mit Salz abschmecken.

Hühnersuppe

Zutaten für 4 Personen:

1 Suppenhuhn
150 g Suppennudeln
1 Bund frisches Suppengemüse
1 Petersilienwurzel
1 Bund Petersilie
1,5 Liter Wasser
Pfeffer
Salz

Zubereitung:

Suppenhuhn in gesalzenem Wasser 2,5 Stunden köcheln.

Nudeln in einem separaten Topf nach Packungsanleitung garen.

Suppengemüse und Petersilienwurzel putzen, in kleinere Stücke schneiden und zur Suppe geben. Weiterköcheln bis alles bissfest ist.

Das Huhn aus dem Topf nehmen, das Fleisch abzupfen und in kleinen Stücken zurück in die Suppe geben. Nudeln einrühren, mit Salz und Pfeffer abschmecken.

Petersilie fein hacken und über die Suppe streuen.

HAUPTGERICHTE

Kartoffelgerichte

Gefüllte Süßkartoffeln

Zutaten für 2 Personen:

2 Süßkartoffeln
6 EL Kichererbsen, küchenfertig
2 EL Olivenöl
1 EL Sesamsamen
2 EL Petersilie, gehackt
Salz
Pfeffer

Zubereitung:

Kartoffeln halbieren und mit Öl bestreichen.
Auf ein mit Backpapier ausgelegtes Backblech legen und im vorgeheizten Backofen bei 180 °C 40 Minuten backen.
Die Kartoffelhälften mit einem Löffel ausschaben.
Kichererbsen, Sesamsamen und Petersilie auf den Kartoffelhälften verteilen. Mit Salz und Pfeffer würzen. Weitere 10 Min. im Backofen garen.

Gegrillte Kräuterkartoffeln

Zutaten für 2 Portionen:

500 g kleine Kartoffeln
je 2 Zweige Rosmarin, Thymian und Salbei
Olivenöl
Salz
Pfeffer

Zubereitung:

Kartoffeln gründlich reinigen und ungeschält ca. 20 Minuten in Salzwasser kochen. Danach abgießen und abdampfen lassen.

Kräuter mit den Kartoffeln in eine Grillschale geben und mit Olivenöl bestreichen.

Auf den Grill stellen und ca. 15 Minuten grillen, gelegentlich umrühren. Bei Bedarf zwischendurch noch einmal mit Öl bestreichen.

Zum Verzehr mit Salz und Pfeffer würzen.

Süßkartoffel-Linsencurry

Zutaten für 2 Personen:

300 g Süßkartoffeln
100 g rote Linsen
1 Möhre
1 Tomate
1 kleine Zwiebel
2 EL Kürbiskerne
400 ml Gemüsebrühe
4 EL Joghurt
2 Stängel Petersilie
1 EL Currypaste
1 EL Kokosöl
Salz
Pfeffer

Zubereitung:

Süßkartoffeln und Möhre schälen und in Würfel schneiden. Kürbiskerne grob hacken und in einer fettfreien Pfanne anrösten.

Zwiebel fein hacken und in einer mit Öl erhitzten Pfanne anschwitzen. Currypaste einrühren. Kartoffeln hinzugeben, kurz anraten, dann mit Gemüsebrühe ablöschen.

Linsen gründlich abspülen und zu den Kartoffeln geben. Auf mittlerer Stufe 10 Minuten köcheln, gelegentlich umrühren.

Tomaten in kleine Stücke schneiden, 5 Minuten mit dem Curry garen.

Mit Salz und Pfeffer abschmecken, mit Joghurt und grob gehackter Petersilie anrichten.

Kartoffeln mit gemischtem Gemüse

Zutaten für 2 Portionen:

4 Kartoffeln
1 Zucchini
1 Paprikaschote, rote
1 Aubergine
1 Zwiebel
2 Knoblauchzehen
2 Rosmarinzweige
80 ml Olivenöl
Salz
Pfeffer

Zubereitung:

Aubergine, Zwiebel und Zucchini in ca. ½ cm dicke Scheiben schneiden.

Kartoffeln schälen und würfeln, Paprikaschote vierteln und entkernen.

Knoblauch durch eine Presse drücken und mit Olivenöl, gehacktem Rosmarin und Salz verrühren. Gemüse hinzugeben und ca. 2 Stunden ziehen lassen, zwischendurch umrühren.

In eine Auflaufschale geben und im vorgeheizten Backofen ca. 25 Minuten garen, gelegentlich wenden.

Pellkartoffeln mit Quark

Zutaten für 2 Personen:

6 Kartoffeln
350 g Magerquark
¼ Salatgurke
1 Zwiebel
2 EL Créme fraîche
Leinöl
Paprikapulver
Salz
Pfeffer

Zubereitung:

Kartoffeln unter fließendem Wasser gründlich abbürsten und in gesalzenem Wasser als Pellkartoffeln garkochen.

Gurke und Zwiebel in feine Würfel schneiden. Mit Quark, Créme fraîche und Leinöl verrühren. Mit Gewürzen abschmecken.
Kartoffeln abgießen, etwas abkühlen lassen und Schale abziehen.
Mit Quark anrichten.

Gegrillte Kartoffel-Kohlrouladen

Zutaten für 4 Portionen:

400 g Kartoffeln
1 kleiner Kopf Weißkohl
4 Zwiebeln
30 g Parmesan
Butter
Olivenöl
Muskat
Salz
Pfeffer
Frischhaltefolie

Zubereitung:

Kartoffeln schälen, vierteln und ca. 25 Minuten in Salzwasser garkochen.

Weißkohl in einen großen Topf mit kochendem Wasser geben. Nacheinander 8 Kohlblätter mit einem kleinen Messer ablösen.

Die Kohlblätter ca. 8 Minuten blanchieren, dann abschrecken und abtropfen lassen.
Zwiebeln würfeln und in 2 EL Öl anschwitzen.

Kartoffeln abgießen, ausdampfen lassen und mit etwas Butter zerstampfen.
Zwiebeln und Parmesan unterrühren, mit den Gewürzen abschmecken.

Den Strunk der Kohlblätter keilförmig herausschneiden. Die Blätter auf Frischhaltefolie ausbreiten, mit einem zweiten Stück Folie abdecken und mit einem Rollholz flachrollen.

Die Kartoffelmasse mittig auf die Kohlblätter geben, die Blätter seitlich über die Kartoffelmasse schlagen und diese darüber aufrollen. Etwas Olivenöl darüber träufeln.
Bei nicht zu starker Glut ca. 12 Minuten grillen, zwischendurch wenden.

Folienkartoffeln mit Kräuterquark

2 Portionen:

2 Grillkartoffeln
120 g Quark
Milch
1 Handvoll Schnittlauch
2 Thymianzweige
1 Zweig Rosmarin
2 EL Olivenöl
Paprikapulver
Salz
Pfeffer
2 Stck. Alufolie

Zubereitung:

Kartoffeln unter fließendem Wasser gut abbürsten, dann trockenreiben.
Alufolie auf einer Seite mit Öl bestreichen, die Kartoffeln darauflegen, anschließend Thymian und Rosmarin. Die Alufolie verschließen. Im vorgeheizten Backofen ca. 50 Minuten bei 200 °C backen.
Quark mit Milch vermengen, bis eine dickflüssige cremige Konsistenz erreicht ist. Mit Paprikapulver, Salz und Pfeffer abschmecken.
Die gar gebackenen Kartoffeln aus dem Backofen nehmen, die Alufolie oben öffnen, Kartoffeln mit einem Messer einschlitzen und Quarkcreme einfüllen. Mit Schnittlauchröllchen garnieren.

Süßkartoffel-Gnocchi-Bowl

Zutaten für 2 Personen:

250 g Süßkartoffeln
½ Zwiebel
1 Knoblauchzehe
1 EL Pinienkerne
½ Pck. stückige Tomaten
2 Stiele Salbei
150 g Gnocchi
50 g Blattspinat
20 g Parmesan
1 Liter Wasser
Olivenöl
Salz
Pfeffer

Zubereitung:

Kartoffeln schälen und in ca. 1 cm große Würfel schneiden. Mit 2 EL Öl, Salz und Pfeffer vermengen. Im vorgeheizten Backofen 20 Minuten bei 180 °C backen.

Für die Sauce Zwiebel und Knoblauch würfeln und in 1 EL Öl anschwitzen. Tomaten hinzugeben, kurz aufkochen, dann 10 Minuten köcheln.

Pinienkerne rösten.

Salbei waschen, Blättchen abzupfen und zur Tomatensauce geben. Mit Salz und Pfeffer würzen.

Gnocchi in kochendem Wasser nach Packungsanweisung garen.

Spinat verlesen und waschen.

Gnocchi abgießen, mit Süßkartoffeln, Spinat, Pinienkernen und Sauce vermengen. Parmesan darüber verteilen.

Kartoffeln mit gemischtem Gemüse

Zutaten für 2 Personen:

6 Kartoffeln
½ Lauchstange
1 Paprikaschote, rot
200 g Brokkoli
10 g Kürbiskerne
10 g Sonnenblumenkerne
2 g Ingwer
200 g Sauce Hollandaise

Zubereitung:

Kartoffeln schälen und 25 Minuten in Wasser kochen.
Lauch putzen und längsseitig in Streifen schneiden.
Paprika in Würfel, Brokkoli in Röschen schneiden.
Ingwer schälen und klein schneiden.
Gemüse ca. 8 Minuten im Topf mit etwas Wasser blanchieren.
Sauce Hollandaise separat im Topf erwärmen.
Kartoffeln abgießen abtropfen lassen und auf Teller verteilen. Gemüse hinzugeben, Sauce darüber verteilen.
Mit Kürbiskernen und Sonnenblumenkernen garnieren.

Gefüllte Süßkartoffeln

Zutaten für 2 Personen:

2 große Süßkartoffeln
1 Paprikaschote
1 kleine Zucchini
½ Zwiebel
2 Knoblauchzehen
1 Mozzarellakugel
2 EL Kresse
Olivenöl
Curcumapulver
Paprikapulver
Salz
Pfeffer

Zubereitung:

Kartoffeln gründlich waschen, längs halbieren und auf ein mit Backpapier ausgelegtes Backblech legen.

Im vorgeheizten Backofen 45 Minuten bei 190 °C backen.

Paprikaschote, Zucchini, Zwiebel und Knoblauch würfeln.

Zwiebel und Knoblauch in einer mit Öl erhitzten Pfanne anschwitzen. Paprika und Zucchini hinzugeben und anbraten.

Mozzarella in kleinere Stücke schneiden, in die Pfanne geben und etwas schmelzen lassen. Mit Gewürzen abschmecken.

Süßkartoffeln etwas abkühlen lassen, mit einem Löffel eine Mulde aushöhlen.

Die ausgehöhlte Kartoffelmasse mit der Gemüsemischung vermengen und in die Süßkartoffeln füllen. Kresse darüber verteilen.

Zwiebeln und Süßkartoffeln gefüllt

Zutaten für 4 Portionen:

2 große Süßkartoffeln
2 große Zwiebeln
2 getrocknete Tomaten (in Öl eingelegt)
2 Knoblauchzehen
3 EL Mascarpone
1 Rosmarinzweig
4 EL Parmesan
Olivenöl
Salz
Pfeffer

Zubereitung:

Kartoffeln gründlich waschen und ungeschält in Salzwasser ca. 20 Minuten vorgaren.

Zwiebeln bis auf die Wurzelenden pellen, dann ca. 5 Minuten in Salzwasser kochen.

Kartoffeln abkühlen lassen, längsseitig halbieren und mit einem Löffel ausschaben, sodass 1 cm Rand übrigbleibt. Die Kartoffelmasse beiseitestellen.

Tomaten abtropfen lassen und das Öl auffangen. Tomaten und Knoblauch in kleine Scheiben schneiden.

Das aufgefangene Tomatenöl in einer Pfanne erhitzen und Knoblauch anschwitzen.

Die Hälfte der Kartoffelmasse mit Tomatenstückchen und Mascarpone verrühren, mit Salz und Pfeffer würzen.

Zwiebeln halbieren, die inneren Schichten herausnehmen, dann mit der Kartoffelmischung befüllen.

Mit den angeschwitzten Knoblauchscheiben belegen.

Das Zwiebelinnere klein würfeln und in einer mit Olivenöl erhitzten Pfanne anbraten.

Rosmarin vom Zweig lösen und mit Salz und Pfeffer in die Pfanne geben.

Die andere Hälfte der Kartoffelmasse hinzufügen und die ausgehöhlten Kartoffel-hälften damit füllen. Zum Schluss mit Parmesan bestreuen.

Kartoffel- und Zwiebelhälften in eine eingefettete Auflaufform setzen und ca. 30 Minuten im vorgeheizten Backofen bei 190 °C backen.

Sesamkartoffeln mit Quark

Zutaten für 2 Personen:

500 g Kartoffeln
250 g Magerquark
100 g Naturjoghurt
2 EL Sesamöl
1 Zwiebel
2 EL Sesamöl
2 Handvoll Schnittlauch
3 EL Sesamsamen
Salz
Pfeffer

Zubereitung:

Kartoffeln unter fließendem Wasser gründlich abbürsten.

Der Länge nach halbieren, mit der Schnittfläche nach oben auf ein mit Backpapier ausgelegtes Backblech legen.

Die Schnittflächen mit Öl bestreichen, mit Sesamsamen bestreuen.

Im vorgeheizten Backofen 35 Minuten bei 180 °C backen.

Schnittlauch und Zwiebel fein hacken und mit den restlichen Zutaten zu einer Quarkcreme vermengen.

Kartoffeln mit Quarkcreme servieren.

Nudelgerichte

Curcuma-Nudeln

Zutaten für 2 Personen:

180 g Vollkornnudeln
2 Möhren
1 Knoblauchzehe
1 TL Curcumapulver
2 Cocktailtomaten
50 ml Gemüsebrühe
50 ml Wasser
1 Stängel Petersilie
2 EL Olivenöl

Zubereitung:

Nudeln nach Packungsanleitung garkochen.

Für die Sauce Möhren grob würfeln, Knoblauch fein hacken und in Olivenöl anbraten. Curcuma hinzugeben und 5 Minuten weiterbraten.
Mit Gemüsebrühe aufkochen, dann weichkochen.
Mit Wasser in einem Mixer cremig pürieren.

Sauce zurück in den Topf geben und kurz erhitzen, mit Gewürzen abschmecken.

Tomaten halbieren.

Nudeln gut abtropfen lassen und mit Sauce vermengen. Auf Teller verteilen und mit Tomaten und Petersilie anrichten.

Fusilli mit Senfsauce

Zutaten für 2 Personen:

300 g Fusilli
2 Paprikaschote, rot
1 Zwiebel
1 Bund Petersilie
20 g Butter
1 TL Senf
1 EL Olivenöl
1 EL Schwarzkümmel
Currypulver
Curcumapulver
Pfeffer

Zubereitung:

Wasser im Topf erhitzen, Olivenöl und Fusilli hinzugeben und nach Packungsanleitung kochen.

Butter in der Pfanne erhitzen, Zwiebel fein hacken und hinzugeben.

Die Hälfte der Petersilie kleinschneiden.

Paprika putzen, entkernen, würfeln und mit Petersilie hinzugeben, 10 Minuten auf kleiner Flamme köcheln. Im Standmixer pürieren, Senf, Curry und Curcuma hinzugeben. Mit Pfeffer abschmecken.

Fusilli mit Sauce, Petersilie und Schwarzkümmel anrichten.

Gemüse mit Konjacnudeln

Zutaten für 2 Personen:

200 g Konjacnudeln
1 Zucchini
2 Tomaten
1 Zwiebel
2 EL Petersilie, gehackt
5 EL Gemüsebrühe
3 EL Olivenöl
2 EL Sojasoße
Salz
Pfeffer

Zubereitung:

Nudeln mit warmem Wasser abspülen, dann 5 – 10 Minuten in Wasser garen.

Zucchini längs halbieren und in Scheiben schneiden.

Tomaten überbrühen, Haut abziehen und achteln. Zwiebel fein hacken.

Zucchini und Zwiebel in einer mit Öl erhitzten Pfanne anbraten. Gemüsebrühe hinzugeben und 10 Minuten auf niedriger Stufe garen.

Tomaten beimengen und weitere 5 Minuten köcheln lassen. Mit Sojasoße, Salz und Pfeffer abschmecken. Gemüse mit Nudeln und Petersilie anrichten.

Pasta mit Curry-Bohnen

Zutaten für 2 Personen:

300 g Pasta
2EL Olivenöl
150 g frische grüne Bohnen
1 Bund frische Minze
1 EL Madras-Curry

Sauce:

40 g Butter
1 kleine Zwiebel
1 kleiner Bund Petersilie
20 ml Wasser
Pfeffer
Schwarzkümmel

Zubereitung

Butter im Topf erhitzen, Zwiebel und Petersilie klein schneiden und hinzugeben.

5 Minuten dünsten, umrühren und mit Wasser ablöschen, mit Pfeffer abschmecken.

500 ml Wasser im Topf erhitzen, Pasta nach Packungsbeilage kochen.

Die Bohnen putzen, Enden abschneiden und im Sieb über den Nudeln dünsten, dabei den Deckel auf das Sieb setzen.
Nudelwasser abgießen, Olivenöl und 1-2 EL Madras-Curry zu den Nudeln geben und umrühren.

Bohnen auf den Teller geben, dann die Sauce in die Mitte des Tellers und die Pasta obenauf. Mit Minze und Schwarzkümmel anrichten.

Spaghetti mit Pistazien

Zutaten für 2 Personen:

250 g Vollkorn-Spaghetti
1 Bio-Zitrone
120 g Pistazien
100 g Parmesan, gerieben
2 Knoblauchzehen
6 Blätter Basilikum
3 EL Olivenöl
Pfeffer
Salz

Zubereitung:

Spaghetti nach Packungsbeschreibung in Salzwasser garen.

Pistazien und Knoblauch klein hacken, mit Olivenöl, Salz und Pfeffer vermengen.

Zitrone mit heißem Wasser waschen. Von einer Hälfte der Zitronenschalen Zesten ziehen.

Nudeln abgießen, zurück in den Topf geben und mit der Soße vermengen.

Auf Teller verteilen, mit Zitronenzesten und Basilikumblättern anrichten. Mit Parmesan servieren.

Konjacnudeln mit Pesto

Zutaten für 2 Personen:

200 g Konjacnudeln
80 g Basilikum-Pesto
10 Shimeji-Pilze
10 Cocktailtomaten
2 EL Parmesan
Salz
Pfeffer

Zubereitung:

Nudeln mit warmem Wasser abspülen, dann 5 – 10 Minuten in Wasser garen.
Tomaten kurz in Wasser blanchieren.

Shimeji-Pilze putzen, mit einem Küchenpapier abtupfen und ebenfalls kurz blanchieren.
Nudeln abgießen, abschrecken und mit Pesto vermischen. Mit Salz und Pfeffer abschmecken.
Mit Tomaten, Pilzen und Parmesan anrichten.

Farfalle mit Quinoa und Spinat

Zutaten für 2 Personen:

200 g Farfalle
100 g Spinat
50 g Quinoa
1 Tomate
20 g Butter
1 kleine Zwiebel
1 Knoblauchzehe
½ TL Schwarzkümmel
Olivenöl
Pfeffer

Zubereitung:

Farfalle nach Packungsbeschreibung garkochen. Abgießen und gut abtropfen lassen.

Quinoa mit 100 ml Wasser verrühren und auf niedriger Stufe 15 Minuten garen.

Olivenöl in eine Pfanne geben, sodass der Boden leicht bedeckt ist, Pfanne erhitzen.
Nudeln hinzugeben, kross anbraten, umrühren und bei Bedarf weiteres Olivenöl hinzugeben.

Zwiebel und Knoblauch fein hacken und mit Butter in einer Pfanne andünsten. Spinat hinzugeben und auf kleiner Stufe garen.

Tomate halbieren. Nudeln, Quinoa, Spinat und Tomate auf Teller verteilen.
Mit Pfeffer und Schwarzkümmel garnieren.

Sojanudeln mit Rosenkohl

Zutaten für 2 Personen:

200 g Sojanudeln
150 g Rosenkohl
3 EL Olivenöl
4 Basilikumblätter
Salz
Pfeffer

Zubereitung:

Sojanudeln nach Packungsanleitung kochen, abgießen und mit Olivenöl vermengen.

Rosenkohl halbieren und 25 Minuten in Wasser garen. Mit Nudeln vermengen, mit Salz und Pfeffer abschmecken. Mit Basilikum anrichten.

Gemüsegerichte

Ratatouille

Zutaten für 2 Personen:

250 g Auberginen
1 Paprikaschote, rot
2 Tomaten
1 Zucchini
1 Zwiebel
2 Knoblauchzehen
2 El Olivenöl
Salz
Pfeffer

Zubereitung:

Zucchini, Auberginen und Paprika putzen und klein schneiden.

Tomaten mit heißem Wasser übergießen, häuten und in kleine Stücke schneiden.

Zwiebel und Knoblauch fein hacken und in einer mit Öl erhitzten Pfanne anschwitzen.

Gemüse hinzugeben und im eigenen Saft anbraten. Auf niedriger Stufe 30 Minuten schmoren lassen. Mit Salz und Pfeffer abschmecken.

Reis mit Champignons und Zucchini

Zutaten für 2 Personen:

200 g Vollkornreis
150 g Zucchini
100 g Champignons
2 Stängel Petersilie
1 Stängel Basilikum
1 Lauchblatt
½ TL Schwarzkümmel
4 EL Olivenöl
20 g Butter
1 Zwiebel
1 Prise Currypulver
Pfeffer

Zubereitung:

Zwiebel klein hacken, die Hälfte davon mit der Butter im Topf andünsten.

Reis hinzugeben und mit 400 ml Wasser ablöschen. Kurz aufkochen und dann bei mittlerer Hitze 20 Minuten köcheln lassen.

Champignons und Zucchini in kleine Stücke schneiden, Petersilie klein hacken.
Die restliche Zwiebel in einer Pfanne mit Olivenöl andünsten und Champignons und Zucchini hinzugeben. Würzen und auf kleiner Stufe 7 Minuten köcheln lassen, ggf. etwas Wasser hinzugeben.

Lauch in dünne, längliche Streifen schneiden und in einem Sieb über dem köcheln-den Reis dünsten.

Das Reiswasser verkochen oder verdunsten lassen, den Reis in kleine, vorgewärmte Schälchen füllen und auf die vorgewärmten Teller setzen.

Gemüse und Pilze hinzugeben, mit Schwarzkümmel, Petersilie und Basilikum garnieren.

Zucchini-Tofunudeln

Zutaten für 2 Personen:

2 Zucchini
100 g Tofu
4 EL Mandelmus
1 Limette
1 EL Sojasoße
1 EL Wasser
1 TL Honig
2 EL Olivenöl
1 EL Schnittlauch, gehackt
Salz
Pfeffer

Zubereitung:

Tofu würfeln und in erhitztem Olivenöl anbraten

Zucchini mit einem Spiralschneider zu Spaghetti schneiden. In kochendem Salz-wasser bis zur gewünschten Bissfestigkeit blanchieren.

Limette auspressen und mit Mandelmus, Sojasoße und Wasser in einem Topf erwärmen, aber nicht aufkochen. Mit Honig, Salz und Pfeffer abschmecken.

Zucchininudeln mit Soße vermengen, mit Tofu und Schnittlauch anrichten.

Gemüseauflauf mit Aubergine

Zutaten für 2 Personen:

1 Aubergine
1 Zucchini
5 Kartoffeln
2 Fleischtomaten
120 g Gouda, gerieben
4 EL Olivenöl
Kräuter der Provence
Salz
Pfeffer

Zubereitung:

Kartoffeln schälen und 15 Minuten in Salzwasser vorkochen.

Kartoffeln, Aubergine, Tomaten und Zucchini in Scheiben schneiden.

Das Gemüse reihenweise in eine mit Öl ausgestrichene Auflaufform setzen. Gewürze, restliches Öl und Käse darüber verteilen.

Im vorgeheizten Backofen 30 Minuten bei 190 °C garen, bis der Käse etwas gebräunt ist.

Quinoa-Kichererbsen-Curry

Zutaten für 2 Personen:

150 g Kichererbsen, eingeweicht
100 g Quinoa
1 Zwiebel
1 Stck. Ingwer
2 Knoblauchzehen
2 Stängel Kerbel
½ TL Curcumapulver
Salz
Pfeffer

Zubereitung:

Quinoa in einem Sieb abspülen, dann in etwas Wasser 15 Minuten köcheln lassen.

Zwiebel, Knoblauch, Ingwer und Kerbel fein hacken und mit Kichererbsen zum Quinoa geben. Einige Minuten auf niedriger Stufe köcheln lassen.

Mit Gewürzen abschmecken.

Zucchininudeln mit Linsen-Sauce

Zutaten für 2 Personen:

2 Zucchini
100 g Cocktailtomaten
300 g Tomaten, passiert
150 g rote Linsen
1 kleine Zwiebel
80 ml Sahne
3 EL Tomatenmark
Kokosöl
1 EL Schwarzkümmel
Oregano
Salz
Pfeffer

Zubereitung:

Zucchini mit einem Sparschäler längsseitig in dünne Scheiben schneiden. In leicht gesalzenem Wasser bis zur gewünschten Bissfestigkeit blanchieren.

Zwiebel würfeln und mit Linsen, Tomatenmark und passierten Tomaten in einer mit Öl erhitzten Pfanne anschwitzen, 15 Minuten köcheln lassen, zwischendurch umrühren.

Sahne und Cocktailtomaten hinzugeben und weitere 10 Minuten köcheln. Mit Gewürzen abschmecken. Zucchini abgießen, abtropfen lassen und mit Linsen-Sauce und Schwarzkümmel anrichten.

Zucchini-Tomaten-Pfanne

Zutaten für 2 Personen:

1 Zucchini
2 Tomaten
2 Knoblauchzehen
2 EL Kokosöl
1 Mozzarellakugel
Thymian
Salz
Pfeffer

Zubereitung:

Zucchini, Tomaten und Mozzarella halbieren und in Scheiben schneiden.

Knoblauch fein hacken.

Zucchini und Knoblauch in einer mit Öl erhitzten Pfanne anbraten.

Mozzarella, Tomaten und Thymian hinzugeben, zwischendurch vorsichtig wenden. So lange garen, bis der Käse schmilzt.

Mit Salz und Pfeffer abschmecken.

Möhrenrisotto

Zutaten für 2 Personen:

120 g Milchreis
1 Paprikaschote, rot
3 Möhren
1 Zwiebel
2 EL Tomatenmark
400 ml Gemüsebrühe
2 EL Gouda, gerieben
1 EL Olivenöl
1 Stängel Petersilie

Zubereitung:

Möhren, Paprikaschote und Zwiebel würfeln und in erhitztem Öl anbraten.

Reis hinzugeben und mit Gemüsebrühe ablöschen.

Tomatenmark einrühren.

Auf niedriger Stufe und bei geöffnetem Deckel 30 Minuten köcheln lassen, zwischen-durch umrühren.

Topf von der Herdplatte nehmen und Käse einrühren. Mit Petersilie anrichten.

Geschmorte Champignons mit gedünstetem Gemüse

Zutaten für 2 Personen:

250 g braune Champignons
1 Paprikaschote, rot
½ Lauchstange
1 kleine Zwiebel
40 g Butter
40 g Parmesankäse, gerieben
2 Stängel Petersilie
2 Stängel Minze
1 EL Schwarzkümmel
Pfeffer

Zubereitung:

Butter im Topf erhitzen, Zwiebel klein schneiden und mit Petersilie hinzugeben, 2 Minuten dünsten.

Champignons abwaschen, putzen, vierteln, hinzugeben und dünsten.

Paprika in kleine Würfel schneiden und im Topf mit etwas Wasser 10 Minuten dünsten.

Vom Lauch die 3 innersten Schalen in schmale längliche Streifen schneiden und in einem Sieb über dem Paprika dünsten. Den verbliebenen Lauch klein schneiden und zu den Champignons geben.

Champignons mit Paprika und Lauch auf Tellern anrichten. Mit Pfeffer würzen, mit Minzblättern, Parmesan und Schwarzkümmel garnieren.

Fenchel mit Tomaten

Zutaten für 2 Portionen:

1 Fenchel
1 Fleischtomate
je 2 Zweige Thymian und Rosmarin
2 Knoblauchzehen
Olivenöl
Salz
Pfeffer
2 Stck. Alufolie (ca. 20 x 20 cm)

Zubereitung:

Fenchel, Tomate und Knoblauch in dünne Scheiben schneiden und nacheinander auf die eingefettete Alufolie legen.

Mit Salz und Pfeffer würzen, dann die Kräuter und jeweils 1 EL Öl auf das Gemüse geben.

Gut verschließen und ca. 15 Minuten im vorgeheizten Backofen bei 190 °C garen.

Brokkoli-Kartoffel-Auflauf

Zutaten für 2 Personen:

500 ml Gemüsebrühe
250 g Brokkoli
3 Kartoffeln
2 Möhren
2 EL Olivenöl
½ Becher Sahne
80 g Emmentaler, gerieben
Muskat
Salz
Pfeffer

Zubereitung:

Kartoffeln und Möhren in Scheiben schneiden und 25 Minuten in Gemüsebrühe garen.

Brokkoli in Röschen schneiden und die letzten 10 Minuten mitgaren.

Sahne mit Käse und Gewürzen verquirlen.

Gemüse in eine eingefettete Auflaufform geben, mit Sahnesoße übergießen. Im vorgeheizten Backofen 15 Minuten bei 190 °C backen.

Roggen mit Möhren

Zutaten für 2 Personen:

Sauce:

20 g Butter
1 kleine Zwiebel
2 Knoblauchzehen
2 Stängel Petersilie
40 g Sellerie
½ gelbe Paprika klein geschnitten
50 g Nüsse, gemahlen
½ Gemüsebrühwürfel
200 ml Sud

Hauptgericht:

200 g Möhren
100 g Lauch
250 g Roggen
10 g Schwarzkümmel
50 g Parmesan, gerieben
½ Gemüsebrühwürfel
1 Stängel Petersilie
Curcumapulver
Mild Madras Curry
Pfeffer

Zubereitung:

Den Roggen in 300 ml Wasser mit Gemüsebrühwürfel aufkochen und ziehen lassen, bis das Wasser verkocht ist, ggf. Wasser nachgeben, sodass das Getreide noch Biss hat.

Danach etwas Schwarzkümmel und etwas Parmesan zugeben und im Topf warmhalten.

Für die Sauce Knoblauch, Zwiebel und Petersilie fein hacken, Sellerie und Paprika klein schneiden.

Butter mit Knoblauch, Zwiebel und Petersilie erhitzen.

Sellerie und Paprika hinzugeben, mit 100 ml Sud ablöschen. Auf mittlerer Stufe 3 Minuten köcheln lassen. In einem Mixer fein pürieren. Zurück in den Topf geben und mit je einer Messerspitze Madras Curry, Curcuma und etwas Pfeffer abschmecken.

Die Nüsse unterrühren, etwas Sud hinzugeben und warmhalten.

Möhren putzen und in schmale Streifen schneiden. Lauch putzen und in Ringe schneiden.

Möhren in einen Topf geben, den Boden mit Sud bedecken, aufkochen und 5 Minuten weiterkochen, ggf. etwas mehr Sud hinzugeben.

Lauch in einem Seiher über die Möhren legen und dünsten, den Deckel schließen.

Roggen auf Tellern platzieren, die Sauce aufgießen, Möhren und Lauch herum platzieren. Mit Petersilie garnieren.

Gemischte Pfifferlingschale

Zutaten für 2 Portionen:

200 g Pfifferlinge
½ Paprikaschote, rot
½ Zwiebel
½ Lauchzwiebel
2 Stängel Petersilie
Olivenöl
Salz
Pfeffer

Zubereitung:

Zwiebel und Petersilie fein hacken, Lauchzwiebel putzen und in feine Ringe schneiden.

Paprikaschote fein würfeln.

Pfifferlinge gründlich putzen und mit dem vorbereiteten Gemüse in einer Auflauf-schale vermischen. Olivenöl darüber träufeln.

Im vorgeheizten Backofen bei 180 °C ca. 15 Minuten garen.

Mit Salz und Pfeffer abschmecken.

Gegrillte Aubergine mit Pfifferlingen

Zutaten für 2 Personen:

1 Auberginen
150 g Pfifferlinge
3 EL Olivenöl
2 Knoblauchzehen
1 EL Honig
2 EL Walnüsse, fein gehackt
Salz
Pfeffer

Zubereitung:

Auberginen putzen und längs in 1 cm dicke Scheiben schneiden. Mit etwas Salz einreiben, dann ca. 30 Minuten ziehen lassen.

Pfifferlinge gründlich putzen, die harten Stielansätze abschneiden.

Olivenöl in eine kleine Schüssel geben, den gepressten Knoblauch, Salz und Pfeffer einrühren.

Auberginenscheiben abbrausen, abtupfen und zusammen mit den Pfifferlingen mit dem Knoblauchöl bestreichen. In eine Grillschale legen und ca. 10 Minuten grillen, zwischendurch wenden.

Kurz bevor das Gemüse gar ist, den Honig am Rande des Grillrostes erwärmen und die Auberginen und Pfifferlinge damit bestreichen. Mit Walnüssen bestreuen.

Kürbis mit Tomaten-Couscous

Zutaten für 4 Personen:

500 g Hokkaido-Kürbis
3 Tomaten
100 g Vollkorn-Couscous
½ Bund Salbei
200 ml Gemüsebrühe
4 Stängel Petersilie
2 Knoblauchzehen
1 Zitrone, Saft davon
2 – 3 EL Olivenöl
Salz
Pfeffer

Zubereitung:

Kürbis entkernen und in 2 – 3 cm breite Spalten schneiden.

Salbei waschen, trocken schütteln und Blätter abzupfen. Knoblauch in Scheiben schneiden.

Alles in eine eingefettete Auflaufform geben, mit Salz und Pfeffer würzen. Je 2 EL Zitronensaft und Öl verquirlen und über das Gemüse träufeln. Im vorgeheizten Backofen 15 Minuten bei 180 °C garen, zwischendurch wenden.

In der Zwischenzeit die Brühe aufkochen, Couscous einstreuen und nach Packungs-anleitung zugedeckt ausquellen lassen.

Tomaten würfeln, Petersilie fein hacken. Petersilie mit dem restlichen Zitronensaft und Öl unter den Couscous rühren. Tomaten beimengen und mit Salz und Pfeffer abschmecken.

Tomaten-Auflauf

Zutaten für 2 Personen:

8 Tomaten
120 g Emmentaler, gerieben
80 ml Sahne
20 grüne Oliven, entkernt
Olivenöl
Oregano
Salz
Pfeffer

Zubereitung:

Tomaten in Scheiben schneiden und in eine eingefettete Auflaufform geben. Oliven darüber verteilen.
Mit Oregano, Salz und Pfeffer würzen.
Sahne mit Käse verquirlen und über den Auflauf gießen.

Im vorgeheizten Backofen ca. 30 Minuten bei 180 °C backen.

Zucchini-Spaghetti mit Feta

Zutaten für 2 Personen:

2 Zucchini
¼ Salatgurke
1 Handvoll Rucola
30 g Feta
Salz
Pfeffer

Zubereitung:

Die Zucchini mit einem Spiralschneider zu Spaghetti schneiden.
Die Gurke in dünne Scheiben schneiden und mit Zucchininudeln in kochendem Salz-wasser bis zur gewünschten Bissfestigkeit blanchieren.
Den Rucola und den Feta grob zerteilen.
Spaghetti mit Gurkenscheiben und Rucola anrichten. Mit Feta, Salz und Pfeffer bestreuen.

Backofengemüse mit Schafskäse

Zutaten für 2 Personen:

1 Paprikaschote, rot
3 Tomaten
1 Möhre
1 Zucchini
1 Zwiebel
2 Knoblauchzehen
250 g Schafskäse
Olivenöl
Basilikum
Thymian
Salz
Pfeffer

Zubereitung:

Paprikaschote, Tomaten, Zucchini und Möhre in Würfel schneiden.

Zwiebel und Knoblauch fein hacken.

Alles in eine Schüssel geben und mit 2 EL Olivenöl vermischen. Mit Kräutern und Gewürzen abschmecken.

Schafskäse in zwei Scheiben schneiden und in eine eingefettete Auflaufform geben. Das Gemüse darauf verteilen. Im vorgeheizten Backofen bei 180 °C ca. 30 Minuten backen.

Spinat-Risotto

Zutaten für 2 Personen:

250 g TK-Spinat
150 g Vollkorn-Risotto-Reis
1 Zwiebel
250 ml Gemüsebrühe
100 g Schafskäse
1 EL Kokosöl
Apfelessig
Salz
Pfeffer

Zubereitung:

Die Zwiebel fein hacken und in einer mit Öl erhitzten Pfanne anschwitzen.

Den Reis hinzugeben und etwas anrösten.

Mit Gemüsebrühe ablöschen und Spinat hinzugeben.

Auf niedriger Stufe köcheln lassen, bis der Reis bissfest ist.

Den Schafskäse zerbröseln und zum Reis geben.

Mit Apfelessig, Salz und Pfeffer abschmecken.

Gemüsefrikadellen

Zutaten für 4 Portionen:

500 gemischtes Gemüse
¼ Liter Gemüsebrühe
2 Eier
2 EL Haferflocken
1 Bund Schnittlauch
2 Stängel Petersilie
1 EL Zitronensaft
Olivenöl
Pfeffer
Salz

Zubereitung:

Gemüse putzen, schälen und je nach Sorte auf einer Gemüsereibe raspeln. Mit Zitronensaft beträufeln.

Gemüsebrühe aufkochen, das zerkleinerte Gemüse hinzugeben. 5 Minuten bissfest garen. Überschüssige Kochflüssigkeit abgießen, Gemüse abkühlen lassen.

In eine Schüssel geben, mit Eiern, Haferflocken und kleingehackten Kräutern vermengen. Mit Salz und Pfeffer abschmecken.

Aus der Masse kleine Frikadellen formen und in einer mit Öl erhitzten Pfanne auf mittlerer Hitze 10 Minuten braten, zwischendurch mehrmals wenden.

Lachs mit Nudeln

Zutaten für 2 Personen:

200 g Vollkornnudeln
200 g Lachsfilet
75 g Joghurt
20 g Butter
5 g Schwarzkümmel
3 Stängel Petersilie
2 Frühlingszwiebeln
1 Paprikaschote, rot
Zitronensaft
Pfeffer

Zubereitung:

Ausreichend Wasser im Topf erhitzen und zum Kochen bringen, dann die Nudeln hinzugeben und nach Anleitung kochen.

Petersilie klein hacken.

Paprika halbieren, entkernen und in feine Streifen schneiden.

Frühlingszwiebeln putzen, in kleine Ringe schneiden, mit der Butter in der Pfanne erhitzen.

Paprika hinzugeben, kurz schmoren. Mit Joghurt in der Pfanne vermengen und auf mittlerer Stufe köcheln.

Lachs unter fließendem Wasser spülen und mit Küchenpapier trocknen. In kleine Würfel schneiden und mit der Hälfte der Petersilie, Zitronensaft und Pfeffer in die Pfanne geben. Auf mittlerer Stufe 8 Minuten garen.

Nudeln abgießen und abtropfen lassen. Auf vorgewärmte Teller verteilen. Lachs und Sauce hinzugeben, mit Petersilie, Schwarzkümmel und Pfeffer anrichten.

Gegrillte Makrelen mit Couscous

Zutaten für 2 Personen:

2 Makrelen
50 g Vollkorn-Couscous
1 EL Mehl
2 EL Mandelstifte
½ Bund Koriander
2 Knoblauchzehen
80 ml Gemüsebrühe
¼ TL Curcumapulver
10 Oliven, schwarz
2 EL Olivenöl
½ TL Kreuzkümmel, gemahlen
Salz

Zubereitung:

Couscous mit Curcuma und Salz mischen.

Gemüsebrühe erhitzen und über den Couscous gießen. Abdecken und 5 Minuten quellen lassen.

Mandelstifte in einer fettfreien Pfanne anrösten. Koriander fein hacken, Oliven in kleinere Stücke schneiden. Alles zum Couscous geben und verrühren.

Makrelen kalt abspülen, innen und außen salzen, in Mehl wenden.

Knoblauch mit einer Presse zerdrücken, mit Kreuzkümmel und Salz vermengen und in das Innere der Makrelen geben.

Grill mit Öl bestreichen, Makrelen so lange grillen bis sie gar sind. Mit Couscous servieren.

Gebackener Gemüsefisch

Zutaten für 2 Personen:

2 Fischfilets
2 Frühlingszwiebeln
1 Paprikaschote, rot
1 Möhre
2 Knoblauchzehen
Olivenöl
2 Stck. Alufolie

Zubereitung:

Frühlingszwiebeln, Paprikaschote, Möhre und Knoblauch in Streifen bzw. Ringe schneiden. Fischfilets waschen und trocken tupfen.

Alufolie mit Öl bestreichen, Fischfilets und jeweils die Hälfte des Gemüses darauf geben.

Alufolie gut verschließen und im vorgeheizten Backofen bei 180 °C ca. 30 Minuten backen.

Lachs im Couscous-Päckchen

Zutaten für 2 Personen:

2 Lachsfilets
250 g Möhren
1 Bund Frühlingszwiebeln
1 EL Öl
150 g Vollkorn-Couscous
½ TL Zimtpulver
200 ml Gemüsebrühe
1 Zitrone
1 Stängel Petersilie
1 TL Currypulver
Salz
Pfeffer
Backpapier

Zubereitung:

Möhren putzen, schälen und schräg in dünne Scheiben schneiden.
Frühlingszwiebeln putzen und schräg in dünne Ringe schneiden.
Beides in eine mit Öl erhitzte Pfanne geben und 3 Minuten anbraten. Mit Salz und Pfeffer würzen.
Couscous mit Curry und Zimt mischen und in die Pfanne geben. Mit Gemüsebrühe ablöschen, zudecken und auf niedriger Stufe 5 Minuten quellen lassen.
Petersilie fein hacken.
Lachs mit Salz und Pfeffer würzen, mit Petersilie bestreuen.
Couscous mit einer Gabel lockern und in die Mitte von 2 Backpapierbögen verteilen. Lachs daraufsetzen.
Zitrone in Scheiben schneiden und auf den Lachs legen.
Backpapier wie ein Bonbon falten und an den Enden festdrehen.

Im vorgeheizten Backofen 15 Minuten bei 200 °C garen. Die geschlossenen Päckchen servieren und erst am Tisch öffnen.

DESSERTS

Chia-Pudding mit Mango

Zutaten für 2 Personen:

5 EL Chiasamen
350 ml Kokosmilch
1 kleine Mango

Zubereitung:

Chiasamen in Kokosmilch einrühren und 10 Minuten quellen lassen, zwischendurch umrühren. Den Pudding über Nacht im Kühlschrank einweichen.

Am nächsten Morgen Mango in kleine Stücke schneiden und mit Chia-Pudding anrichten.

Heidelbeer-Quark

Zutaten für 2 Personen:

300 g Magerquark
60 g Joghurt
200 g Heidelbeeren
50 ml Holundersirup
30 ml Mandelmilch
2 EL Honig

Zubereitung:

Quark mit Joghurt und Mandelmilch verrühren und in zwei Gläser füllen.

Heidelbeeren mit Holundersirup und Honig pürieren und über dem Quark verteilen.

In den Kühlschrank stellen und kurz vorm Servieren herausnehmen.

Chia-Pudding mit Beeren

Zutaten für 2 Personen:

80 g Chiasamen
350 ml Mandelmilch
½ TL Vanillepulver
1 EL Honig
2 EL Kokosflocken

Zubereitung:

Chiasamen in Mandelmilch einrühren. Vanillepulver und Honig hinzugeben und 10 Minuten quellen lassen, zwischendurch umrühren.

Den Pudding über Nacht im Kühlschrank einweichen.

Am nächsten Morgen mit Beeren und Kokosflocken anrichten.

Mango-Nuss-Rohkost

Zutaten für 2 Personen:

1 große Mango
2 EL Kokos, geraspelt
2 EL Walnüsse, gehackt
2 EL Pistazien, gehackt

Zubereitung:

Mango halbieren, vom Kern lösen und schälen.

In Scheiben schneiden und auf zwei Tellern anrichten.

Mit Nüssen, Pistazien und Kokos bestreuen.

Wassermelonen-Pizza

Zutaten für 2 Personen:

½ kleine Wassermelone
100 g gemischtes Obst
2 EL Mandeln, gehackt
12 Holzsticks

Zubereitung:

Melone in 1-2 cm dicke Scheiben schneiden. Je nach Größe vierteln oder achteln.

Melonenstücke mit Obst und Mandeln belegen.

Kleine Schlitze in die Schale schneiden, Holzsticks hineinschieben.

Mango-Apfelsinen-Dessert

Zutaten für 2 Personen:

1 Mango
1 Apfelsine
200 g Joghurt
1 TL Sonnenblumenkerne

Zubereitung:

Mango schälen und das Fruchtfleisch vom Kern lösen. In kleine Stücke schneiden und mit Joghurt in den Mixer geben.

Apfelsine auspressen und ebenfalls in den Mixer geben.

Auf kleiner Stufe mixen, in zwei Schälchen gießen und im Kühlschrank erkalten lassen.

Mit Sonnenblumenkernen bestreuen.

Wassermelonen-Eis

Zutaten für 4 Personen:

¼ Wassermelone
1 Apfelsine
1 EL Honig

Zubereitung:

Apfelsine auspressen. Melone entkernen, in grobe Stücke schneiden und mit Apfelsinensaft und Honig pürieren.

Die Flüssigkeit in eine flache Schale geben und im Gefrierfach erkalten lassen. Nach zwei Stunden mit einer Gabel umrühren, dann weitere zwei Stunden im Gefrierfach stehen lassen. Vor dem Servieren mit einer Gabel auflockern und in Gläsern anrichten.

Kokos-Vanilleeis

Zutaten für 2 Personen:

200 ml Kokosmilch
150 ml Sahne
½ Vanilleschote
½ TL Steviapulver, weiß

Zubereitung:

Sahne steif schlagen.

Vanilleschote ausschaben, das Mark mit Sahne, Kokosmilch und Stevia zu einer cremigen Masse verrühren.

Eismasse in eine Schüssel geben und mindestens 3 Stunden ins Gefrierfach stellen. Zwischendurch mehrmals umrühren.

Erdbeereis zuckerfrei

Zutaten für 2 Personen:

200 g Erdbeeren
40 ml Wasser
1 Becher Sahne
Stevia flüssig

Zubereitung:

Sahne steif schlagen.

Erdbeeren in grobe Stücke schneiden und mit Wasser in einem Mixer pürieren. Erdbeermus mit Sahne vermengen, mit Stevia abschmecken und in ein Plastikgefäß füllen.

Ins Gefrierfach stellen, alle 30 Minuten umrühren.

Ananaseis

Zutaten für 2 Personen:

200 g Ananas
½ TL Steviapulver, weiß
120 ml Sahne
1 TL Zitronensaft

Zubereitung:

Ananas in kleine Stücke schneiden und mit einem Stabmixer pürieren. Mit Stevia und Zitronensaft abschmecken.

Eismasse in eine Schüssel geben und mindestens 3 Stunden ins Gefrierfach stellen. Zwischendurch mehrmals umrühren.

Aprikosen-Quark-Eis mit Sahne

Zutaten für 6 Portionen:

450 g Aprikosen
450 g Quark
150 ml Sahne
1 TL Vanilleextrakt
4 EL Honig

Zubereitung:

Aprikosen halbieren, entkernen und in grobe Stücke schneiden.

Mit Sahne in einen Mixer geben und pürieren.

Quark, Honig und Vanilleextrakt hinzugeben.

In die Eismaschine füllen und nach Angaben des Herstellers gefrieren lassen.

Rezeptregister

FRÜHSTÜCK

SMOOTHIES

GETRÄNKE

SALATE

SUPPEN

HAUPTGERICHTE

Kartoffelgerichte

Nudelgerichte

Gemüsegerichte

Fischgerichte

DESSERTS

Hinweise für den Leser

Alle Angaben in diesem Buch wurden nach bestem Wissen und mit größter Sorgfalt erstellt. Die Angaben und Empfehlungen erfolgen ohne Verpflichtung oder Garantie der Autorin. Sie und der Verlag übernehmen keine Verantwortung und Haftung für Personen-, Sach- und Vermögensschäden aus der Anwendung der hier erteilten Ratschläge, insbesondere auch bezüglich der Mengenangaben und dem Gelingen der jeweiligen Rezepte.

Dieses Buch hat nicht die Absicht und erweckt nicht den Anspruch, eine ärztliche Behandlung zu ersetzen. Ausdrücklich wird empfohlen, eine medizinische Diagnose vom Therapeuten einzuholen und eine entsprechende Therapiebegleitung durchzuführen. Einige der vorgestellten Maßnahmen weichen von der gängigen medizinischen Lehrmeinung ab, und resultieren aus der Erfahrungsheilkunde.

Es wird ausdrücklich darauf hingewiesen, dass mit diesem Buch keine erfüllbaren Hoffnungen erweckt werden, die eventuelle Heilerfolge erwarten lassen können. Die Verwertung der Texte und Bilder, auch auszugsweise, ist nur mit Zustimmung des Verlags und der Autorin erlaubt. Dies gilt auch für Vervielfältigungen, Übersetzungen, Mikroverfilmungen und für die Verarbeitung mit elektronischen Systemen.

Bildnachweise

Fitnessmüsli - © RitaE/pixabay.com
Spiegelei auf Toast - © Ralph Kurth
Obst-Haferflockenbrei - © lauracuriacu/pixabay.com
Kiwi-Chia-Joghurt - © gate74/pixabay.com
Alfalfa-Sandwich - © Ivaschenko/shutterstock.com
Eier-Schinken-Muffins - © RitaE/pixabay.com
Buchweizen-Pancakes - ©ArtCoreStudios/pixabay.com
Avocado mit Ei - © Timolina/shutterstock.com
Apfel-Möhren-Muffins - © ponce_photography/pixabay.com
Haferbrei mit Eigelb - © lillith_um/pixabay.com
Bunter Obstsalat - © udra11/shutterstock.com
Haselnussaufstrich ohne Zucker - © anaterate/pixabay.com
Gurken-Quark pikant - © TwilightArtPictures/fotolia.com
Himbeermarmelade ohne Zucker - © ulleo/pixabay.com
Erdbeermarmelade ohne Zucker - © congerdesign/pixabay.com
Möhren-Ingwer-Smoothie - © Gracia31/pixabay.com
Beeren-Smoothie - © Tama66/pixabay.com
Trauben-Sellerie-Smoothie - © silviarita/pixabay.com
Spinat-Apfelsinen-Smoothie - © GinaJanosch/pixabay.com
Kürbis-Smoothie - © vodoley62/pixabay.com
Grünkohl-Minze-Smoothie - © MonikaBaechler/pixabay.com
Spinat-Smoothie - © evita-ochel/pixabay.com
Sellerie-Smoothie mit Kiwi - © stux/pixabay.com
Goji-Ingwer-Tee - © Ingrid Balabanova/shutterstock.com
Zitronen-Ingwer-Saft - © zuzi99/pixabay.com
Zitronenlimonade - © cocoparisienne/pixabay.com
Brottrunk-Rote Bete-Saft - © congerdesign/pixabay.com
Grapefruit-Kokosmilch - © Arcaion/pixabay.com
Holunderblütensirup - © RitaE/pixabay.com
Ananas-Shake - © Rierosa222/pixabay.com
Scharfer Kichererbsensalat - © Oksana Mizina/shutterstock.com
Avocado-Mozzarella-Salat - © Nata Bene/shutterstock.com
Feldsalat mit Paprika - © Ralph Kurth
Wirsingsalat mit Kichererbsen- © Anna Shepulova/shutterstock.com

Griechischer Salat - © Timolina/shutterstock.com
Fruchtiger Rote Bete-Salat - © ArtCookStudio/shutterstock.com
Brokkoli-Ei-Salat - © Liliya Kandrashevich/shutterstock.com
Feldsalat mit Kichererbsen - © Einladung_zum_Essen/pixabay.com
Granatapfel-Rucola-Salat - © Maria Shipakina/shutterstock.com
Corona-Salat - © Ralph Kurth
Quinoa-Tomaten-Salat – © Timolina/shutterstock.com
Romana mit Schafskäse - © Ralph Kurth
Rote-Bete-Salat mit Feta - © JeniFoto/shutterstock.com
Spinat-Erdbeer-Salat - © adrenalinerushdiaries/shutterstock.com
Bunter Kichererbsen-Salat - © Alexandra Anschiz/shutterstock.com
Avocado-Himbeer-Salat - © DronG/shutterstock.com
Kaki-Granatapfel-Salat - © Velia/shutterstock.com
Lachs-Tomaten-Salat - © Liliya Kandrashevich/shutterstock.com
Tomaten-Mozzarella-Salat - © Nata Bene/shutterstock.com
Französischer Thunfisch-Salat - © Galina Zhigalov/shutterstock.com
Süßkartoffelsuppe - © margouillat photo/shutterstock.com
Brokkolicremesuppe - © Goskova Tatiana/shutterstock.com
Rote Linsensuppe - © JoannaTkaczuk/shutterstock.com
Kräutersuppe - © ivabalk/pixabay.com
Gazpacho - Kalte Tomatensuppe - © Ralph Kurth
Brokkoli-Lauchsuppe - © silviarita/pixabay.com
Knoblauchsuppe mit Croutons - © laustkehlet/pixabay.com
Erbsensuppe mit Minze - © RitaE/pixabay.com
Kürbis-Möhrensuppe - © Anna_Pustynnikova/shutterstock.com
Borschtsch vegetarisch - © Timolina/shutterstock.com
Linsen-Curcuma-Suppe - © margouillat photo/shutterstock.com
Rote Bete-Suppe - © topotishka/shutterstock.com
Bunter Gemüseeintopf - © pixabay.com
Kokos-Currysuppe - © mp1746/pixabay.com
Gefüllte Süßkartoffeln - © Anna Shepulova/shutterstock.com
Pellkartoffeln mit Quark - © matthiasboeckel/pixabay.com
Folienkartoffeln mit Kräuterquark - © Kathleen Rekowski/fotolia.com
Kartoffeln mit gemischtem Gemüse - © Ralph Kurth
Curcuma-Nudeln - © Einladung_zum_Essen/pixabay.com
Fusilli mit Senfsauce - © Ralph Kurth

Pasta mit Curry-Bohnen - © Ralph Kurth
Konjacnudeln mit Pesto - © DARUNEE SAKULSRI/shutterstock.com
Farfalle mit Quinoa und Spinat - © Ralph Kurth
Sojanudeln mit Rosenkohl - © iprachenko/shutterstock.com
Ratatouille - © Timolina/shutterstock.com
Reis mit Champignons und Zucchini - © Ralph Kurth
Gemüseauflauf mit Aubergine - © Teresa Kasprzycka/shutterstock.com
Quinoa-Kichererbsen-Curry - © Alexander Sviridov/shutterstock.com
Geschmorte Champignons mit gedünstetem Gemüse - © Ralph Kurth
Brokkoli-Kartoffel-Auflauf - © margouillat photo/shutterstock.com
Roggen mit Möhren - © Ralph Kurth
Tomaten-Auflauf - © HolgersFotografie/pixabay.com
Zucchini-Spaghetti mit Feta - © Oleksandra Naumenko/shutterstock.com
Lachs mit Nudeln - © Ralph Kurth
Chia-Pudding mit Mango - © Nataliya Arzamasov/shutterstock.com
Heidelbeer-Quark - © RitaE/pixabay.com
Chia-Pudding mit Beeren - © JRP Studio/shutterstock.com
Mango-Nuss-Rohkost - © Nina Firsova/shutterstock.com
Wassermelonen-Pizza - © Oleksandra Naumenko/shutterstock.com
Mango-Apfelsinen-Dessert - © Ralph Kurth
Wassermelonen-Eis - © Liv friis-larsen/shutterstock.com
Kokos-Vanilleeis - © margouillat photo/shutterstock.com
Erdbeereis zuckerfrei - © silviarita/pixabay.com
Ananaseis - © unpict/shutterstock.com